Maquiavel

CLÁSSICOS DE OURO
ILUSTRADOS

O príncipe

Maquiavel

CLÁSSICOS DE OURO
ILUSTRADOS

O príncipe

Prefácio
Isaiah Berlin
Tradução Bárbara Heliodora

Tradução
Lívio Xavier

Ediouro

Do original italiano:
Il principe

Direção Executiva: Edaury Cruz
Gerência Editorial: Jiro Takahashi
Coordenação Editorial: Lourdes Araújo
Assistência Editorial: Regina Garcia
Tradução: Lívio Xavier
Revisão de Tradução do Italiano e Texto Final: Sérgio Roberto Torres
Preparação e Revisão de Texto: Sérgio Roberto Torres
Edição de Arte: Hamilton Fernandes
Pesquisa Iconográfica: Olho do Falcão
Gerência de PCP: Luciene Baptista
Planejamento Editorial: Vicente Rodrigues, Ana Maria Ferreira,
Silvia Elena, Roberta Matheus e Marco Rodrigues
Produção Gráfica: Jaqueline Lavôr
Projeto Gráfico: Wanduir Durant
Capa e Editoração Eletrônica: Diarte Editora e Coml. de Livros Ltda.

Dados Internacionais de Catalogação na Publicação (CIP)
(Câmara Brasileira do Livro, SP, Brasil)

Machiavelli, Nicollò, 1469-1527.
O príncipe / Nicollò Machiavelli; tradução
Lívio Xavier. — Ed. reform. — São Paulo:
Ediouro, 2002.

Título original: Il Principe
ISBN 978-85-000-2810-6

1. Política I. Título.

02-2013 CDD — 320

Índice para catálogo sistemático:

1. Ciência política 320
2. Política 320

Ediouro Publicações S.A.
Rio de Janeiro
Rua Nova Jerusalém, 345 — CEP 21042-230 –Bonsucesso — Rio de Janeiro — RJ
Tel.: (0XX21) 3882-8200 — Fax: (0XX21) 3882-8212 / 8313
E-mail: livros@ediouro.com.br

São Paulo
R. Catulo da Paixão Cearense, 631 - Vila Saúde — CEP 04145-011 — São Paulo — SP
Tel.: (0XX11) 5589-3300 — Fax vendas: (0XX11) 5589-3300 ramal 233
E-mail: vendasp@ediouro.com.br
Internet: www.ediouro.com.br

Maquiavel (retrato feito por Santi di Tito). Palácio Velho, Florença, Itália

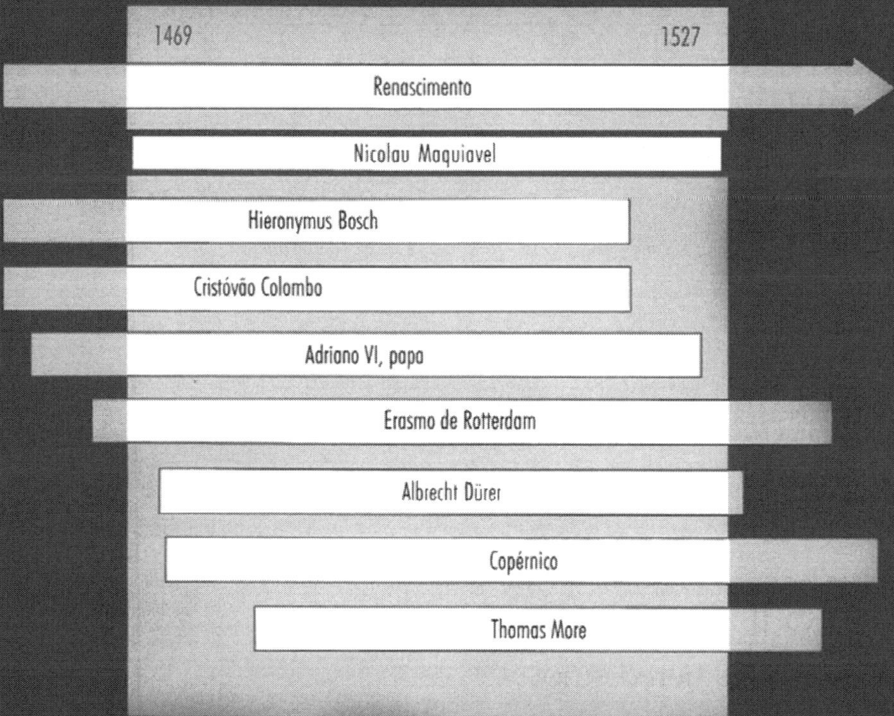

SUMÁRIO

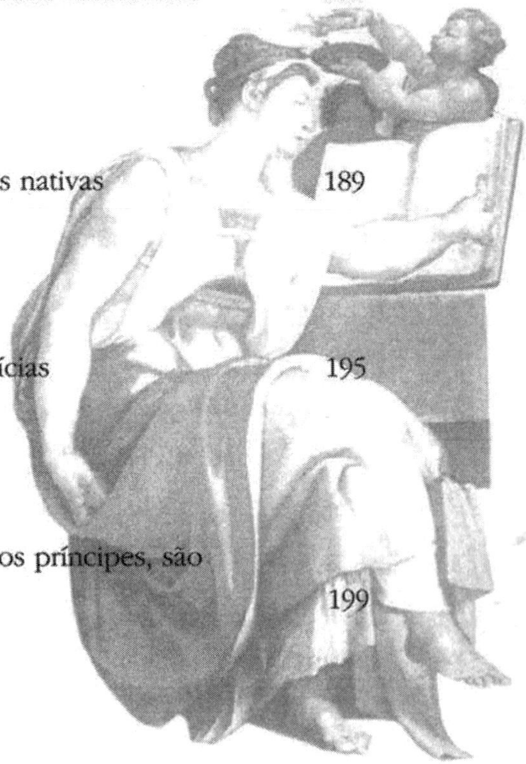

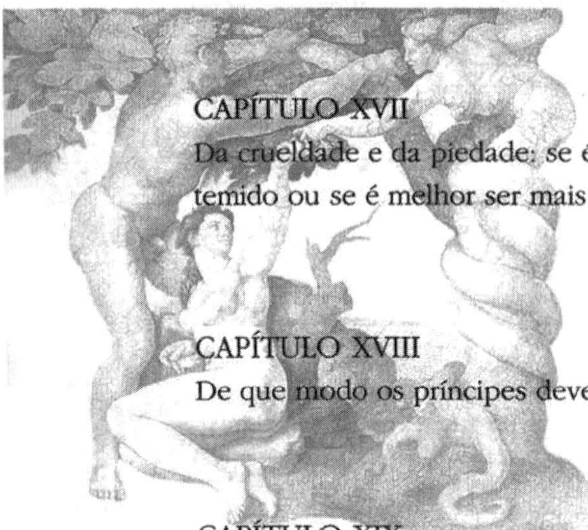

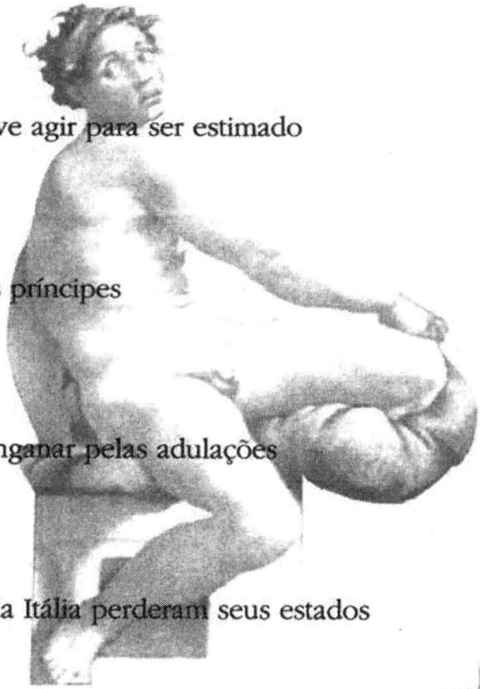

Retrato de Nicolau Maquiavel
(retrato feito por Santi di Tito).
Palácio Velho, Florença, Itália

Introdução

Uma pequena biografia de Nicolau Maquiavel

A criação de Adão. Michelangelo (1475-1564) Capela Sistina, Vaticano

Niccolò Machiavelli, cujo nome em língua portuguesa é Nicolau Maquiavel, foi o segundo filho de Bernardo di Niccoló Machiavelli e de Batolomea di Stefano Nelli, nobres florentinos. Nasceu em Florença, na parte central da Península Italiana, no dia 3 de maio de 1469.

A maior parte do período correspondente à sua juventude se passou no tempo de Lorenzo o Magnífico (Lorenzo de Médici, 1449-1492), importante poeta e patrono das artes do Renascimento italiano que governou Florença de 1478 a 1492 (a família Médici já governava Florença desde 1434).

No segundo período de sua vida, Nicolau esteve a serviço do estado livre da república de Florença, que foi instituído em 1494 por um movimento de reforma política que destituiu os Médici do poder, instalando-se ali o governo dos Dez Magistrados da Liberdade e da Paz. A partir daí, Maquiavel, que na época era copista de literatura grega e latina do professor Marcelo Virgílio Adriani, serviu como funcionário, durante os quatro anos seguintes, em um dos escritórios públicos do novo governo florentino, até que foi nomeado, aos 29 anos de idade, chanceler e secretário da Segunda Chancelaria da república dos Dez Magistrados.

Então, durante os anos que se seguiram, ele teve a seu cargo missões diplomáticas junto a várias cortes européias. Dentre essas missões, a mais importante para ele foi provavelmente a incumbência que recebeu, em 1502, de tratar dos assuntos da república florentina junto a César Bórgia, o duque Valentino, filho do papa Alexandre VI (Rodrigo Lanzol y Bórgia), uma experiência que, sem dúvida, foi marcante para o desenvolvimento do seu pensamento político.

Além dos deveres desse cargo, ele ocupou-se de estudos de história e poesia e da organização política e militar da república florentina. Concebeu, por exemplo, em 1505, um projeto para a substituição das tropas mercenárias por uma milícia nacional e, após a aprovação desse projeto pelo governo dos Dez, chegou a redigir as instruções para implementá-lo.

Esse "segundo período" da vida dele durou dezoito anos, até a deposição do governo republicano. No dia 8 de novembro de 1512, os Médici voltaram ao poder em Florença, com o auxílio de tropas espanholas. Em decorrência disso, no dia 17 do mesmo mês, Maquiavel foi destituído de suas funções, iniciando-se o que podemos designar como o terceiro período de sua vida.

No início de 1513, após ser descoberta uma conspiração para eliminar o cardeal Giovanni de Médici — o qual comandava a volta de sua família ao poder em Florença –, Nicolau foi, durante um breve tempo, preso e torturado como suspeito de ser um dos conspiradores. Beneficiado pouco depois pela anistia — com que o próprio cardeal Giovanni, ao ser eleito papa como Leão X, celebrou a inauguração do seu pontificado —, ele retirou-se em exílio e foi viver em sua propriedade no Albergaccio, em Sant'Andrea in Percussina, San Cassiano, perto de Florença.

Foi aí que — nesse mesmo ano de 1513, provavelmente entre julho e dezembro — Nicolau Maquiavel escreveu *O príncipe*, uma tese política em que faz análise crítica acerca dos príncipes e dos principados.

A temática principal de *O príncipe* é a de que os príncipes devem manter controle absoluto sobre seus territórios, através dos meios necessários para conseguirem isso, inclusive assassinatos. A análise política que ele faz nessa obra é pautada apenas pelas questões práticas que envolvem a conquista e a manutenção de poder, através daquilo que muitos acreditam existir como sendo uma "realidade objetiva dos fatos".

Com essa obra de teoria política, Maquiavel tinha a esperança de granjear a simpatia dos Médici, dedicando-a a Lorenzo II, duque de Urbino, conhecido como "Lorenzino", sobrinho de Lorenzo o Magnífico. Nessa dedicatória ele faz um pedido explícito de ajuda, pois sua ansiedade por voltar a viver em Florença e ao trabalho era grande, como afirma em sua famosa carta para Francisco Vettori, datada de 10 de dezembro de 1513, no momento em que terminava de elaborar *O príncipe*: "O que ainda me segura aqui são certos negócios que terei concluído dentro de seis semanas". Mas viu frustrar-se a sua esperança no duque, que o tratou com total frieza ao receber dele a obra. Nem com a morte de Lorenzino em 1519, Nicolau conseguiu ver sua situação melhorar. Somente algum tempo depois ele conseguiu voltar às graças dos Médici, conseguindo do cardeal Giulio de Médici o encargo remunerado de escrever a história de Florença (obra que se intitulou *Histórias florentinas*). Depois foi encarregado de inspecionar as fortificações de Florença e de negociar com o governador da Romanha, Francisco Guicciardini.

Em 1527, de volta de uma viagem a Cività Vecchia, Nicolau Maquiavel adoeceu e morreu em Florença, no dia 22 de junho, algumas semanas depois de os Médici terem novamente sido destituídos de sua hegemonia no poder.

Somente cinco anos depois, em 1532, *O príncipe* foi publicado. Imediatamente provocou controvérsias e foi logo condenado pelo papa Clemente VIII. Em 1559, esse livro foi inserido no *index librorum prohibitorum* ("índice dos livros proibidos") da Igreja Católica.

Gravura italiana mostrando um ateliê (autoria anônima)

PREFÁCIO DE ISAIAH BERLIN

A ORIGINALIDADE DE MAQUIAVEL

TRADUÇÃO DE BÁRBARA HELIODORA

I

Há qualquer coisa de surpreendente na pura e simples quantidade de interpretações das opiniões políticas de Maquiavel[1]. Ainda hoje existem mais de vinte teorias importantes sobre como se deve interpretar *O príncipe* e *Os discursos* — para além de uma nuvem de visões e notas explicativas. A bibliografia é vasta, e cada vez se torna mais vasta e com mais velocidade[2]. Embora não

[1] A primeira versão deste *paper* foi lida em uma reunião da seção britânica da Political Studies Association em 1953. Gostaria de aproveitar a oportunidade para agradecer a amigos e colegas aos quais a submeti para comentários. Estes incluem A. P. d'Entrèves, Carl J. Friedrich, Felix Gilbert, Myron Gilmore, Louis Hartz, J. P. Plamenatz, Lawrence Stone e Hugh Trevor-Roper. Muito me beneficiei com suas críticas, que me pouparam de inúmeros erros; pelos que restam sou, é claro, o único responsável.

[2] A relação completa contém mais de três mil itens. Os levantamentos bibliográficos que me foram mais valiosos são: P. H. Hanes, "Progress in Maquiavelli studies", *Italica* 18 (1941), p. 1-11; Eric W. Cochrane, "Maquiavelli: 1940-1960", *Journal of modern history* 33 (1961), p. 113-136; Felix Gilbert, *Maquiavelli and Guicciardini* (Princeton, 1965); Giuseppe Prezzolini, *Maquiavelli anticristo* (Roma, 1954), trad. para o inglês como *Maquiavelli* (New York, 1967; London, 1968); Lamar Jensen (ed.), *Maquiavelli: cynic, patriot, or political scientist?* (Boston, 1960); e Richard C. Clark, "Maquiavelli: Bibliographical Spectrum", *Review of National Literatures* I (1970), 93-135.

haja mais do que o normal quanto à discordância sobre o significado de determinados termos ou teses contidos nessas obras, há um grau surpreendente de divergência quanto à visão central, à atitude política básica de Maquiavel.

Esse fenômeno é mais fácil de se compreender no caso de outros pensadores, cujas opiniões têm continuado a deixar perplexa e agitada a humanidade — Platão, por exemplo, ou Rousseau, ou Hegel, ou Marx. Mas, por outro lado, pode-se dizer que Platão escreveu em um mundo e em uma língua que não podemos compreender com segurança; que Rousseau e Marx foram teóricos prolixos, cujas obras dificilmente podem ser apontadas como modelos de clareza ou coerência. Mas *O príncipe* é um livro curto; seu estilo é normalmente descrito como sendo singularmente lúcido, sucinto e pungente — um modelo de clara prosa renascentista. *Os discursos* não é obra de dimensão indevida, se pensamos em termos de tratados políticos, e é igualmente clara e definida. Pois mesmo assim não há consenso sobre o significado de um ou outra; eles não foram assimilados na textura da teoria política tradicional; continuam a provocar sentimentos apaixonados; *O príncipe* evidentemente despertou o interesse dos mais formidáveis homens de ação dos últimos quatro séculos, e em particular no nosso [século XX], homens que via de regra não têm o hábito de ler textos clássicos.

Torna-se evidente que há algo particularmente perturbador no que Maquiavel disse ou deixou implícito, algo que tem provocado inquietação profunda e permanente. Os estudiosos modernos têm apontado para certas contradições reais ou aparentes entre o sentimento (em grande parte) republicano de *Os discursos* (e de *As histórias*) e os conselhos aos governantes absolutos em *O príncipe*, e na verdade há uma diferença de tom entre os dois tratados, além de perplexidades cronológicas; e isso levanta problemas quanto ao caráter, aos motivos e às convicções de Maquiavel, que há mais de trezentos anos vêm formando um rico campo de investigação e especulação tanto para estudiosos de literatura e lingüística como para psicólogos e historiadores.

Porém não foi isso que chocou os sentimentos ocidentais. Nem pode ter sido apenas o "realismo" de Maquiavel, ou sua defesa de políticas brutais, ou inescrupulosas, ou impiedosas que perturbou tão profundamente tantos dos pensadores que lhe sobrevieram ou que levou alguns destes a explicar ou adoçar o ter ele advogado a força e a fraude. O fato de os maus parecerem florescer ou de opções imorais parecerem compensar nunca ficou muito longe da consciência da humanidade. A Bíblia, Heródoto, Tucídides, Platão, Aristóteles — segundo apenas algumas das obras básicas da cultura ocidental —, o caráter de Jacó, Josué ou Davi, os conselhos de Samuel a Saul, o diálogo meliano de Tucídides ou seu relato de ao menos uma resolução ateniense feroz, embora rescindida, as filosofias de Trasímaco e Cálicles, os conselhos de Aristóteles aos tiranos na *Política*, os discursos de Carneades ao senado romano segundo a descrição por Cícero, a visão de Agostinho do estado secular a partir de uma determinada posição, e a de Marsílio a partir de outra — todos esses iluminam suficientemente as realidades políticas para destruir o idealismo acrítico dos crédulos.

A explicação tampouco pode residir na inflexibilidade mental de Maquiavel, mesmo que talvez ele tenha posto os pingos nos is com mais clareza do que qualquer um antes dele[3]. Mesmo que a grita inicial — as reações, digamos, de Pole e Gentillet — possa ser assim explicada, isso não explica as reações dos que conhecem os pontos de vista de Hobbes ou Spinoza ou Hegel

[3] Seu hábito de expor tudo *troppo assolutamente* já fora notado por Guicciardini. Ver "Considerazioni intorno ai *Discorsi del Maquiavelli*", livro 1, cap. 3, p. 8, em *Scritti politici e ricordi*, ed. Roberto Palmarocchi (Bari, 1933).

ou os jacobinos e seus herdeiros. Algo a mais é sem dúvida necessário para explicar tanto o continuado horror quanto as diferenças entre os vários comentaristas. Os dois fenômenos talvez não sejam dissociados. Para indicar a natureza do segundo fenômeno, deixem-me citar apenas as mais conhecidas interpretações rivais sobre a visão política de Maquiavel desde o século XVI.

Segundo Alberico Gentili[4] e Garret Mattingly[5], o autor de *O príncipe* escreveu uma sátira, pois não poderia ter querido dizer literalmente o que disse. Para Spinoza[6], Rousseau[7], Ugo Foscolo[8] e Luigi Ricci[9] (que faz a introdução de *O príncipe* para os leitores de *The world's classic)*, trata-se de uma história exemplar; pois fosse ele o que mais fosse, Maquiavel foi um patriota apaixonado, um democrata, um crente na liberdade, e *O príncipe* deve ter tido a intenção (Spinoza é, nisto, de particular clareza) de advertir os homens quanto ao que os tiranos poderiam ser e fazer, para melhor poderem resistir a eles. Talvez o autor não pudesse escrever de forma mais aberta com dois poderes rivais — os da Igreja e dos Médici — olhando-o com igual desconfiança (e não sem justificativa). *O príncipe* é, portanto, uma sátira (embora nenhuma outra obra pareça menos uma sátira que esta). Para A. H. Gilbert[10] ele é tudo menos isso — trata-se de uma peça típica de sua época, um espelho para os príncipes, gênero muito comum na Renascença, como antes (e depois) dela, plena de ecos e

[4] Alberico Gentili, *De legationibus libri tres* (London, 1585) livro 3, cap. 9, pp. 101-2.

[5] Garrett Mattingly, "Maquiavelli's *Prince:* political science or political satire?", *American Scholar* 27 (1958), pp. 482-91.

[6] Benedictus de Spinoza, *Tractatus politicus*, cap. 5, sec. 7.

[7] *Du contract social,* livro 3, cap. 6, nota.

[8] *I sepolchri*, 156-7: "che, temprano lo scettro a'regnatori/gli allòr ne sfronda, ed alle gentisuela/diche logume grandi e diche sangue".

[9] Luigi Ricci, prefácio para Niccolò Maquiavelli, *The prince* (London, 1903).

[10] Allan H. Gilbert, *Maquiavelli's* Prince *and its forerunner,* (Durham, North Carolina, 1938).

"empréstimos"; mais bem-dotado do que a maioria desses, e por certo mais duro (e influente); porém não-diverso deles em estilo, conteúdo e intenção. Giuseppe Prezzolini[11] e Hiram Haydn[12], de forma mais plausível, consideram-na obra anticristã (onde segue Fichte e outros[13]), e vêem-na como um ataque à Igreja e todos os seus princípios, uma defesa do modo de vida pagão. Giuseppe Toffanin[14], no entanto, pensa ser Maquiavel um cristão, mesmo que um tanto peculiar, concepção da qual Roberto Ridolfi[15], seu mais distinto biógrafo vivo, e Leslie Walker (em sua edição inglesa de *Os discursos*[16]) não discordam inteiramente.

Alderisio[17], na verdade, considera-o um católico sincero, muito embora não chegue tão longe quanto o agente de Richelieu, o cônego Louis Machon, em sua *Apology for Maquiavelli*[18], ou o compilador anônimo do século XIX de *Religious maxims faithfully extracted from the works of Niccolò Maquiavelli* (mencionada por Ridolfi no último capítulo de sua biografia)[19].

Para Benedetto Croce[20] e todos os muitos estudiosos que o têm seguido, Maquiavel é um humanista angustiado que, longe de tentar atenuar a impressão causada pelos crimes que descre-

[11] *Op. cit.* (nota 2).

[12] Hiram Haydn, *The counter-Renaissance* (New York, 1950).

[13] Por exemplo, os espanhóis Pedro de Ribadeneira. *Tratado de la religión* (Madrid, 1595) e Claudio Clemente (pseudônimo de Juan Eusébio Nieremberg), *El machiavelismo degolado* (Alcaló, 1637).

[14] Giuseppe Toffanin, *La fine dell'umanesimo* (Turim, 1920).

[15] Roberto Ridolfi, *Vita de Niccolò Maquiavelli* (Roma, 1954), trad. por Cecil Grayson como *The life of Niccolò Maquiavelli* (London e Chicago, 1963).

[16] *The discourses of Niccolò Maquiavelli*, trad. com introdução e notas em 2 v. por Leslie J. Walker (London, 1950).

[17] Felice Alderisio, *Maquiavelli: l'arte dello stato nell'azione e negli scritti* (Turim, 1930).

[18] Citado por Prezzolini, *op. cit.* (nota 2), versão inglesa, p. 231.

[19] *Op. cit.* (nota 15), versão italiana, p. 382; versão inglesa, p. 231.

[20] Croce atribui a Maquiavel "un'austera e dolorosa coscienza morale", *Elementi de política* (Bari, 1925), p. 62. A idéia de que Maquiavel deseja, na verdade, denunciar uma política de poder escancarada — que Gerhard Ritter, em volume chamado *Die Dämonie der Macht — remonta ao século XVI* (ver a edição ainda não-superada de Burd de *O príncipe* (Oxford, 1891), pp. 31 *et seqs.*).

ve, lamenta os vícios humanos que tornaram tais trilhas pecaminosas politicamente inevitáveis — um moralista que "ocasionalmente sente náusea moral"[21] ao contemplar um mundo no qual os fins políticos só podem ser atingidos por meios moralmente maus, e a par dele, o homem que divorciou as províncias da política e da ética. Mas para os estudiosos suíços Walder, Kaegi e Von Murat[22] ele é um humanista amante da paz, que acreditava na ordem, na estabilidade, no prazer na vida, em enquadrar os elementos agressivos de nossa natureza, pela disciplina, na espécie de harmonia civilizada que ele considerava a melhor forma para as democracias suíças bem-armadas de seu próprio tempo[23].

Para o neo-estóico Justus Lipsius e, um século mais tarde, para Algarotti (em 1759) e Alfieri[24] (em 1786), ele foi um patriota apaixonado, que via em César Bórgia o homem que, se houvesse vivido, poderia ter libertado a Itália dos bárbaros franceses, espanhóis e austríacos que a pisoteavam por toda a parte e haviam reduzido à miséria, pobreza, decadência e caos. Garrett Mattingly[25] não conseguia dar crédito a isso porque era óbvio para ele, e não tinha dúvidas de que teria sido igualmente óbvio para Maquiavel, que César fora incompetente, um charlatão, uma figura esquálida, enquanto Eric Vögelin parece sugerir que não era César, mas (imaginem só!) Tamerlão que estaria pairando diante do olhar transbordante de imaginação de Maquiavel[26].

[21] *Op. cit.* (nota 20), p. 66; ver o comentário de Cochrane, *op. cit.* (nota 2), p. 115, nota 9.
[22] Para referências, ver Cochrane, *ibid.*, p.118, n. 19.
[23] *O príncipe*, capítulo 12.
[24] Vittorio Alfieri, *Del principe e delle lettere*, livro 2, cap. 9. *Opere*, v. 4, ed. Alessandro Donati (Bari, 1927), pp. 172-3.
[25] *Op. cit.* (nota 5).
[26] Eric Vögelin, "Maquiavelli's *Prince:* background and formation", *Review of Politics* 13 (1951), pp. 142-68.

O Bem e o Mal / *A tentação de Eva e a expulsão*

Para Cassirer[27], Renaudet[28], Olschki[29] e Keith Hancock[30], Maquiavel é um técnico frio, não-comprometido ética ou politicamente, um analista político objetivo, um cientista moralmente neutro que, nos diz Karl Schmid[31], se antecipou a Galileu na aplicação de métodos indutivos em material social e histórico, e não tinha qualquer interesse moral no uso feito de suas descobertas técnicas — igualmente pronto a colocá-las à disposição de libertadores e déspotas, homens bons e patifes. Renaudet descreve seu método como "puramente positivista", Cassirer como preocupado com "estatística política". Porém para Federico Chabod ele não é de todo um frio calculista, e sim apaixonado ao ponto de enveredar pelo irreal[32];

[27] Ernst Cassirer, *The myth of the state* (London e New Haven, Connecticut, 1946), cap. 12.

[28] Augustin Renaudet, *Machiavel: étude d'histoire des doctrines politiques* (Paris, 1942).

[29] L. Olschki, *Machiavelli the scientist* (Berkeley, California, 1945).

[30] W. K. Hancock, "Maquiavelli in modern dress: an enquiry into historical method", *History* 20 (1935-6), pp. 97-115.

[31] Karl Schmid, "Maquiavelli", em Rudolf Stadelmann (ed.), *Grosse Geschichtsdenker* (Tübingen/Stuttgart, 1949); ver a esclarecedora resenha de Leonard von Muralt, *Maquiavelli's Staatsgedanke* (Basel, 1945) por A. P. d'Entrèves, *English Historical Review* 62 (1947), pp. 96-9.

[32] Em seu artigo original de 1925 ("Del príncipe, di Niccolò Maquiavel", *Nuova rivista storica* 9 (1925), pp. 35-71, 189-216, 437-73; republicado como livro (Milão/Roma/Nápoles, 1926), Chabod elabora a visão de Croce em direção mais próxima das conclusões deste artigo. Ver a coleção inglesa dos ensaios de Chabod sobre Maquiavel, *Maquiavelli and the Renaissance,* trad. de David Moore, introdução de A. P. d'Entrèves (Londres, 1958), pp. 30-125 (*"The Prince: myth and reality"*) e *Scritti su Maquiavelli* (Turim, 1964), pp. 29-135.

Ridolfi, do mesmo modo, fala de "*il grande appassionato*"[33], e De Caprariis[34] julga-o positivamente visionário.

Para Herder ele é, acima de tudo, um maravilhoso espelho de sua época, um homem sensível aos contornos de seu tempo, que descreve com fidelidade o que os outros não admitiam ou reconheciam, uma mina inesgotável de aguda observação contemporânea, o que é aceito por Ranke e Macaulay, Burd e, em nossos dias, Gennaro Sasso[35]. Para Fichte ele é um homem com profundo *insight* pelas reais forças históricas (ou supra-históricas) que moldam os homens e transformam sua moralidade — em particular, um homem que rejeitava os princípios cristãos em favor dos da razão, da unidade política e da centralização. Para Hegel ele é o homem de gênio que viu a necessidade de se unir uma coleção caótica de principados pequenos e fracos em um todo coerente; o charlatanismo de seus remédios específicos pode provocar-nos repugnância, mas são acidentes devidos às condições de seu próprio tempo, que já passou há muito; e no entanto, por mais obsoletos que sejam seus preceitos, ele compreendia algo muito mais importante — uma necessidade de sua época — o fato de haver chegado a hora para o nascimento do estado moderno, centralizado, político, para cuja formação "estabeleceu os princípios fundamentais verdadeiramente necessários"[36].

[33] *Op. cit.* (nota 15), versão italiana, p. 364.

[34] Para referência, ver Cochrane, *op. cit.* (nota 2), p. 120, n. 28

[35] Gennaro Sasso, *Niccolò Maquiavelli* (Nápoles, 1958).

[36] Se *O príncipe* de Maquiavel for encarado em seu contexto histórico — o de uma Itália invadida, humilhada — ele emerge não como um "sumário de princípios morais e políticos, apropriados para todas as situações e, por isso mesmo, a nenhuma", mas "como concepção magnífica e verdadeira partida de um homem genuíno gênio político, um homem da maior grandeza e nobreza mental" (*Die Verfassung Deutschlands*, em *Schriften zur Politik und Rechtsphilosophie (Sämtliche Werke*, ed. Georg Lasson, v. 7), 2. ed. (Leipzig, 1923), p. 113). Ver p. 135 da mesma obra para a defesa de Hegel de "die Gewalt eines Eroberers", concebido como um unificador das terras germânicas. Ele considerava Maquiavel como um antecessor, em uma situação italiana análoga.

O parnaso, de Andrea Mantegna. Primeira de uma série de Isabela D'este

A tese de Maquiavel ter sido acima de tudo um italiano e um patriota, dirigindo-se primordialmente à sua própria geração, senão apenas a florentinos — de qualquer modo, apenas a italianos — e dever ser julgado exclusivamente, ou pelo menos principalmente, em termos de tal contexto histórico, é posição que Herder e Hegel, Macaulay e Burd, De Sanctis e Oreste Tommasini têm em comum[37]. No entanto, para Herbert Butterfield[38] e Raffaello

[37] Em particular Tommasini, em seu vasto compêndio, *La vita e gli scriti di Niccolò Maquiavelli nella loro relazione col Maquiavellismo* (v. 1, Roma/Turim/Florença, 1883; v. 2, Roma, 1911). Em conexão com isso, Ernst Cassirer apresenta o ponto válido e relevante de que avaliar — ou justificar — as opiniões de Maquiavel apenas como um espelho de seu tempo é uma coisa; sustentar que ele estivesse conscientemente dirigindo-se apenas a seus compatriotas e, se é que devemos crer em Burd, nem sequer a todos esses, é outra, muito diferente, e implica uma falsa visão dele e da civilização à qual ele pertenceu. A Renascença não via a si mesmo em uma perspectiva histórica. Maquiavel estava buscando — e julgou ter encontrado — verdades atemporais e universais a respeito do comportamento social. Não se presta qualquer serviço a ele ou à verdade quando se nega ou se ignora os pressupostos não-históricos que ele compartilhava com seus contemporâneos e antecessores. Os elogios generosamente lançados sobre ele pela escola de história alemã, a partir de Herder, e incluindo a marxista Antonio Gramsci, pelos dons nos quais viam sua força — seu sentido realista de seu próprio tempo, seu *insight* das condições sociais e políticas rapidamente cambiantes na Itália e na Europa de seu tempo, o calapso do feudalismo, a emergência do estado nacional, as alterações nas relações de poder dentro dos principados italianos e assim por diante — poderiam muito bem serem irritantes para um homem que acreditava haver descoberto verdades eternas. É possível que ele, como seu compatriota Colombo, tenha confundido a natureza de sua própria realização. Se a escola histórica (incluindo os marxistas) estiver certa, Maquiavel não fez, e nem poderia ter feito, o que ele se propôs. Porém nada se ganha em supor que ele não se propôs fazê-lo; e muitas testemunhas desde seu tempo até o nosso negam a asseveração de Herder, e sustentam que o objetivo de Maquiavel — a descoberta dos princípios permanentes de uma ciência política — foi tudo menos utópico; e que ele chegou mais perto de conseguir fazê-lo do que a maioria.

[38] Herbert Butterfield, *The statecraft of Maquiavelli* (London, 1955).

Ramat[39], ele sofre de uma falta igual de senso científico e histórico. Obcecado pelos autores clássicos, seu olhar se dirige a um passado imaginário; deduz máximas políticas, de forma não-histórica e apriorística, de axiomas dogmáticos (segundo Lauri Huovinen[40]) — método esse que já se tornava obsoleto no tempo em que ele estava escrevendo; sob tal aspecto, sua servil imitação da Antigüidade é julgada inferior ao senso histórico e ao julgamento sagaz de seu amigo Guicciardini (o que acaba com a idéia de se descobrir nele indícios do método científico moderno).

Para Bacon[41] (como para Spinoza e, mais tarde, para Lassalle), ele é, acima de tudo, o realista supremo que sabe evitar as fantasias utópicas. Boccalini[42] sente-se chocado por ele, porém não pode negar a precisão ou a importância de suas observações; e assim também Meinecke[43], para quem ele é o pai da Staatsräson, com a qual fincou um punhal no corpo político do Ocidente, infli-

[39] Raffaello Ramat, *Il príncipe*, em "*Per la storia dello stile rinascimentale*" (Messina/Florença, 1953), pp. 75-118.

[40] Lauri Huovinen, "Das Bild vom Menschen im politischen Denken Niccolò Maquiavellis" (Annales Academiae Scientiarum Fennicae, série B, v. 74, n. 2, Helsinki, 1951).

[41] Devemos muito a Maquiavel e outros escritores dessa classe, que declararam e descrevem abertamente e sem fingimento o que os fazem, e não o que deveriam fazer. Bacon, continuando, qualifica tal afirmação explicando que para conhecer o bem é preciso que se investigue o mal, e acaba por chamar tais posturas investigativas de "sabedoria corrupta". (*De augmentis*, livro 7, cap. 2, livro 8, cap. 2: citado em *The works of Francis Bacon*, ed. Spedding, Ellis e Heath (London, 1857-74), v. 5, pp. 17 e 76). Comparar com o aforismo de Maquiavel em uma carta a Guicciardini, n. 179 na edição Alvisi (Niccolò Maquiavelli, *Lettere familiari*, ed. Edoardo Alvisi (Florença, 1883)): "io credo che questo sarebbe il vero modo ad andare in Paradiso, imparare la via dell'Inferno per fuggirla". A. P. d'Entrèves chamou bondosamente minha atenção a essa passagem característica; no que eu saiba, não existe nenhuma razão para se supor que Bacon tivesse qualquer conhecimento dela. Nem, talvez, o tivesse T. S. Eliot quando escreveu "Lord Morley [...] sugere que Maquiavel [...] via apenas metade da verdade a cerca da natureza humana. O que Maquiavel não percebeu, a respeito da natureza humana, é o mito da bondade humana, que, para o pensamento liberal, substituiu a crença na Graça Divina" ("Niccolò Maquiavelli", em *For Lancelot Andrew* (London, 1970), p. 50.

[42] Traiano Boccalini, *Ragguagli di Parnaso*, centuria prima, n. 89.

[43] Friedrich Meinecke, *Die Idee der Staatsräson in der neuerer Geschichte*, 2. ed. (Munique/Berlim, 1927), trad. por Douglas Scott como *Maquiavellism* (London, 1957).

gindo-lhe um ferimento que só Hegel viria a saber como curar (esse é o veredicto otimista de Meinecke há meio século, ao que parece retirado depois da Primeira Guerra Mundial).

Mas para König[44] ele não é de todo um realista curtido ou um cínico, mas um esteta tentando escapar do mundo caótico e esquálido da Itália decadente de seu tempo para um sonho de pura arte, um homem nada interessado na prática, que pintou uma paisagem política ideal (se é que compreendi corretamente seu ponto de vista), assim com Piero della Francesca pintou a cidade ideal; *O príncipe* deve ser lido como um idílio no melhor estilo renascentista neoclássico e pastoral (porém De Sanctis, no segundo volume de sua *History of Italian literature*, nega-lhe um lugar na traição humanista em função da hostilidade de Maquiavel às visões imaginativas).

Para Renzo Sereno[45] trata-se de uma fantasia, realmente, porém de um homem amargurado pela frustração, e sua dedicatória é o "apelo desesperado"[46] de uma vítima da grande e continuada malícia da sorte[47]. Uma interpretação psicanalítica de um estranho episódio na vida de Maquiavel é oferecido como apoio a essa tese.

Para Macaulay ele é um pragmático político e um patriota que se importava acima de tudo com a independência de Florença e aclamava qualquer forma do governo que a assegurasse[48]. Marx chama sua *História de Florença* uma "obra-prima", enquanto Engels (em *Dialetis of Nature*) fala de Maquiavel como um dos

[44] René König, *Niccolò Macchiavelli: Zur Krisenanalyse einer Zeitenwende* (Zurique, 1941).

[45] Renzo Sereno, "A falsification by Maquiavelli", *Renaissance News* 12 (1959), pp. 159-67.

[46] *Ibid.*, p. 166.

[47] *The prince*, dedicatória (trad. de Allan Gilbert, em *Maquiavelli, the chief works and others*, 3 v. (Durham, North Carolina, 1965), v. 1, p. 11.

[48] Para um extenso desenvolvimento disso, ver Judith Janoska-Bendl, "Niccolò Maquiavelli: Politik ohne Ideologie", *Archiv für Kulturgeschichte* 40 (1958), pp. 315-45.

"gigantes" do Iluminismo, um homem livre da visão pequeno-burguesa. A crítica soviética é mais ambivalente[49].

Aos restauradores da vida breve da república florentina ele não passava, evidentemente, de um bajulador venal e traidor, ansioso por servir a qualquer amo, que sem sucesso tentara adular os Médici na esperança de conquistar seu favor. George Sabine (em seu famoso livro didático)[50] o vê como um empirista antimetafísico, um Hume ou Popper antes de seu tempo, livre de preconceitos obscurantistas, teológicos e metafísicos. Para Antonio Gramsci[51] ele é acima de tudo um inovador revolucionário que dirige suas flechas contra a aristocracia feudal obsolescente, e o papado e seus mercenários: seu *O príncipe* é um mito que significa a ditadura de forças novas e progressistas: em última análise, o papel futuro das massas e a necessidade para a emergência de novos líderes políticos realistas — *O príncipe* é "um símbolo antropomórfico" da hegemonia da "vontade coletiva".

Como Jakob Burckhardt[52] e Friedrich Meinecke[53], C. J. Friedrich[54] e Charles Singleton[55] sustentam que ele tem um conceito de-

[49] O único tratamento extenso de Maquiavel por um intelectual bolchevique proeminente que conheço é a introdução (que pouca vida deve) de Kemenev para a tradução de *O príncipe* (Moscou, 1934), reproduzida em inglês como "Preface to Maquiavelli", *New Left Review* n. 15 (maio-junho 1962), pp. 39-42. Esta segue com total fidelidade a postura plenamente historicista-sociológica criticada por Cassirer. Maquiavel é descrito como um publicista ativo, preocupado com o "mecanismo de luta pelo poder" dentro de cada e entre os principados italianos, um sociólogo que ofereceu uma análise magistral da confusão "sociológica" que precedeu a formação de um estado italiano "poderoso, nacional, essencialmente burguês". Seu domínio quase "dialético" das realidades do poder, como sua libertação de fantasias metafísicas e teológicas, o estabelecem como um precursor de Marx, Engels, Lênin e Stálin. Tais opiniões foram levantadas no julgamento de Kamenev e foram ridicularizadas por Vyshinsky, o promotor. Ver, sobre isso, Chimen Abramsky, "Kamenev's last essay", *New Left Review* n. 15 (maio-junho 1962), pp. 34-38; e sobre o peculiar destino de Maquiavel na Rússia, Jan Malarczyk, *Politicheskoe uchenia Makiavelli v Rossii, v russkoi dorevolyutsionnoi i sovetskoi istoriografii* (*Annales Universitatis Mariae Curie-Sklodkowska*, v. 6, n. 1, seção G, 1959 (Lublin, 1960).

[50] George H. Sabine, *A history of political theory* (London, 1951).

[51] Antonio Gramsci, *Note sul Maquiavelli*, em *Opere*, v. 5 (Turim, 1949).

[52] Jacob Burckhardt, *The civilization of the Renaissance in Italy*, trad. de S. G. C. Middlemore (London, 1929) part. 1, cap. 7, pp. 104 *et seqs.*

[53] *Op. cit.* (nota 43).

[54] C. J. Friedrich, *Constitutional reason of state* (Providence, Rhode Island, 1957).

[55] Charles S. Singleton, "The perspective of art", *Kenyon Review* 15 (1953), pp. 169-89.

senvolvido do estado como obra de arte; os grandes homens que fundaram ou sustentam associações humanas são tidos como análogos a artistas cujo alvo é a beleza, e cuja qualificação primordial é a compreensão do material que usam — eles moldam homens, assim como os escultores moldam o mármore ou o barro[56].

A transfiguração, (obra de Rafael, 1518-1520). Pinacoteca do Vaticano

A política, segundo esse ponto de vista, deixa o domínio da ética e se aproxima da estética. Argumenta Singleton que a originalidade de Maquiavel reside em sua visão da ação política como uma forma do que Aristóteles chamava "fazer" (no sentido de criar materialmente) — cujo objetivo é um artefato não-moral, um objeto de beleza ou uso externo ao homem (neste caso uma organização particular dos assuntos humanos) — e não de "executar" (onde Aristóteles e Aquino a haviam situado), cujo objetivo é interior e moral — não a criação de um objeto, mas um modo específico — o modo correto — de se viver ou ser.

Tal posição não dista muito da de Villari, Croce e outros, na medida em que atribui a Maquiavel o divórcio entre a política e a ética. Singleton transfere o conceito de política de Maquiavel para a região da arte, que é concebida como sendo amoral. Croce

[56] Ver Joseph Kraft, "Truth and poetry in Maquiavelli", *Journal of Modern History* 23 (1951), pp. 109-21.

empresta-lhe condição independente e própria: a da política pela política.

Porém a visão mais comum dele, ao menos como pensador político, ainda é a da maioria dos elizabetanos, tanto dramaturgos quanto estudiosos, para quem ele era um homem inspirado pelo Demônio para levar homens bons à danação, o grande subvertedor, o professor do mal, *le docteur de la scélératesse*, o inspirador da Véspera e São Bartolomeu, o original de Iago. Esse é o "Maquiavel assassino", que merece as famosas quatrocentas e tantas referências na literatura elizabetana[57]. Seu nome acrescenta um novo ingrediente à antiga figura do Old Nick. Para os jesuítas ele é o "parceiro do diabo no crime", um "escritor sem honra e um incrédulo", e *O príncipe* é, nas palavras de Bertrand Russell, "um manual para *gangsters*" (a ser comparado com sua descrição por Mussolini, considerando-o um "*vade mecum* para estadistas", concepção talvez tacitamente compartilhada por outros chefes de estado). Tal visão é compartilhada por católicos e protestantes, Gentillet e François Hotman, o Cardeal Pole, Bodin e Frederico o Grande, seguidos pelos autores de todos os antimaquiavéis, estando entre os mais recentes Jacques Maritain[58] e Leo Strauss[59].

[57] Edward Meyes, *Machiavelle and the Elizabethan drama* (Literarhistorische Forschungen 1: Weimar, 1897). Ver para isso Christopher Morris, "Maquiavelli's reputation in Tudor England", *Il Pensiero* 2 (1969), pp. 416-33, especialmente p. 423. Ver também Mario Praz, "Maquiavelli and the Elizabethans", *Proceedings of the British Academy* 13 (1928), pp. 49-97; Napoleone Orsini, "Elizabethan manuscript translations of Maquiavelli's *Prince*", *Journal of the Warburg Institute* 1 (1937-8), pp. 166-9; Felix Raab, *The English face of Maquiavelli* (London, 1964; Toronto, 1965); J. G. A. Pocock, "Maquiavelli, Harrington and English political ideologies in the eighteenth century", em *Politics, language and time* (London, 1972), pp. 104-147; e, mais famoso do que qualquer outro, Wyndham Lewis, *The lion and the fox* (London, 1951). Zera S. Fink em *The classical republicans* (Evanston, 1945), J. G. A. Pocock e Felix Raab dão ênfase a sua influência positiva sobre a Inglaterra do século XVII, com Bacon e Harrington liderando seus admiradores.

[58] Jacques Maritain, "The end of Machiavelianisms", *Review of Politics* 4 (1942), pp. 1-33.

[59] Leo Strauss, *Thoughts on Maquiavelli* (Glencoe, Illinois, 1958).

À primeira vista há qualquer coisa de estranho a respeito de disparidade tão violenta de julgamentos[60]. Que outro pensador tem apresentado tantas faces aos que estudam suas idéias? Que outro escritor — e nem sequer reconhecido como filósofo — levou seus leitores a discordar quanto a seus objetivos tão larga e profundamente? E no entanto, devo repetir, Maquiavel não escreve de modo obscuro; praticamente todos os seus intérpretes elogiam-no por sua prosa concisa, seca, clara.

O que tem parecido a tantos tão fascinante? Permitam-me discorrer sobre algumas respostas óbvias. É sem dúvida espantoso depararmos como um pensador tão livre do que nos ensinaram a julgar como sendo os pressupostos intelectuais normais de sua época. Maquiavel sequer menciona a lei natural, aquela categoria básica em termos da qual (ou antes, em suas inúmeras variedades) cristãos e pagãos, teologistas e materialistas, juristas, teólogos e filósofos, antes e na verdade por muitas décadas depois dele, discutiram os tópicos para os quais ele volta sua mente. Ele não foi, é bem verdade, nem filósofo e nem jurista: entretanto foi um especialista em política, um homem de letras de considerável leitura. A influência da antiga doutrina estóico-cristã já não era, àquela altura, o que fora outrora na Itália, em particular entre os primeiros humanistas. Mesmo assim, tendo pretendido apresentar generalizações a respeito do comportamento dos homens em sociedade de modo novo, era de se esperar que Maquiavel, mesmo que não a rejeitasse de modo explícito, ao menos desferisse alguma espécie de golpe contra os pressupos-

[60] Um dos relatos melhores e mais vivazes da massa de teorias conflitantes a respeito de *O príncipe* é oferecida por E. W. Cochrane no artigo citado na nota 2, ao qual este catálogo tanto deve. Para conflitos anteriores ver a obra standard de Pasquale Villari, insuperada sob vários aspectos, *The life and times of Niccolò Maquiavelli*, trad. de Linda Villari (London, 1898), e os trabalhos anteriores citados por ele, por exemplo, Robert von Mohl, "Die Maquiavelli-Literatur", em *Die geschichte und Literatur der Staatswissenschaften* (Erlangen, 1855-8), v. 3, pp. 519-91, e J. F. Christius, *De Nicolao Maquiavelli libri tres* (Leipzig, 1731). Para trabalhos mais tardios, ver nota 2.

tos que, segundo ele, levaram tantos à perdição. Ele afirma, afinal, que seu caminho jamais fora trilhado por qualquer ser humano, e isso, pelo menos, não é nenhuma frase feita: existe, portanto, algo de extraordinário no fato de ele ignorar completamente conceitos e categorias — a parafernália rotineira — nos termos nos quais os mais conhecidos pensadores e estudiosos de seu tempo estavam acostumados a se expressar. E, na verdade, Gentillet, em seu Contre-Machiavel, o denuncia precisamente por isso. Só Marsílio, anteriormente, ousara fazê-lo; e Neville Figgis considera o fato como uma ruptura dramática com o passado[61].

A ausência de psicologia e teologia cristãs — pecado, graça, redenção, salvação — não precisam surpreender tanto: poucos de seus contemporâneos pensam nesses termos. A herança medieval já estava muito tênue. Mas, e isso é mais notável, não há qualquer traço de teologia platônica ou aristotélica, nenhuma referência a qualquer ordem ideal, a qualquer doutrina quanto ao lugar do homem na natureza dentro do grande encadeamento dos seres, com o qual os pensadores da Renascença estão sempre profundamente preocupados — e o qual, digamos, Ficino ou Pico ou Poggio virtualmente aceitam como ponto pacífico. Não existe nada aqui daquilo que Popper intitulou "essencialismo", uma certeza apriorística revelada diretamente à razão, ou intuição quanto ao desenvolvimento inalterável dos homens ou dos grupos sociais em determinadas direções, em busca de objetivos neles implantados por Deus ou pela natureza. O método como o tom são empíricos. Nem sequer a teoria de Maquiavel sobre os ciclos históricos tem garantias metafísicas.

Quando à religião, esta não é para ele muito mais do que um instrumento socialmente indispensável, uma espécie de cimento utilitário: o critério para a avaliação da religião em seu papel de

[61] John Neville Figgis, *Studies of political thought from Gerson to Glotius*, 2. ed. (Cambridge, 1916).

promotora da solidariedade e aderência — é uma antecipação de Saint-Simon e Durkheim, por ressaltar sua crucial importância social. Os grandes fundadores de religiões estão entre os homens que ele mais admira. Algumas variedades de religião (por exemplo o paganismo romano) são benéficas para a sociedade, já que a tornam forte ou motivada; outras, pelo contrário (por exemplo a humanidade e a espiritualidade cristãs), provocam a decadência e a corrupção: não é necessário que uma religião se fundamente em verdade, desde que tenha eficácia social[62]. Donde a sua veneração pelos que organizaram suas sociedades sobre bases espirituais sólidas — Moisés, Numa, Licurgo.

Não há qualquer presunção de existência de Deus ou de lei divina; fossem quais fossem as convicções particulares do autor, um ateu ler Maquiavel em perfeito conforto intelectual. Tampouco existe piedade em relação à autoridade, ou determinações — e nem sequer interesse — quanto ao papel da consciência individual, ou quanto a qualquer outra questão metafísica ou teológica. A única liberdade que ele reconhece é a liberdade política, liberdade de um governo despótico e arbitrário, ou seja, republicanismo, e a liberdade de um estado de governo por outros estados, ou antes da cidade ou *patria*, pois "estado" pode ser termo prematuro em relação a isso[63].

Não há qualquer noção dos direitos de qualquer corporação ou estrutura não-política, ou de obrigação em relação a estas, sejam elas sagrados ou seculares — a necessidade de um poder absoluta-

[62] *Os discursos*, I, 12.

[63] Ver, a respeito desta questão muito debatida, as teses relevantes de J. H. Whitfield, em *Maquiavelli* (Oxford, 1947), em particular pp. 93-5, J. H. Hexter em "*Il principe* and *lo stato*", *Studies in the Renaissance* 4 (1957), pp. 113-35, e a opinião oposta de Fredi Chiapelli em *Studi sul linguaggio de Maquiavelli* (Florença, 1952), pp. 59-73, Francesco Ercole em *La politica di Maquiavelli* (Roma, 1926) e Felix Gilbert, *op. cit.* (nota 2), pp.328-30. Para uma versão anterior da tese anti-Ercole de Gilbert, ver seu "The concept of nationalism in Maquiavelli's *Prince*", *Studies in the Renaissance* I (1954), pp.38-48. H. C. Dowdall vai mais longe e parece sustentar que é efetivamente por inventar a palavra "estado" que Maquiavel fundou a moderna ciência política ("The word 'state' ", *Law Quarterly Review* 39 (1923), pp. 98-125).

mente centralizado (senão de soberania) é tida como pressuposto. Não há praticamente nenhum sentido histórico: os homens são praticamente os mesmos em todo lugar e em todos os tempos, e o que serviu bem aos antigos — em suas regras de medicina, de guerra ou de estado — por certo servirá igualmente bem para os modernos. A traição é valorizada em primeiro lugar como fonte de estabilidade social. Já que não existe qualquer distante acontecimento divino na direção do qual a criação se esteja movendo, ou qualquer ideal platônico para sociedade ou indivíduos, não existe noção de progresso, seja ele material ou espiritual. O pressuposto é o de que as bênçãos da era clássica poderão ser restauradas (se a sorte não for muito contra) por um volume suficiente de conhecimento e vontade, por virtude de um líder, e por cidadãos apropriadamente treinados e conduzidos com bravura e habilidade. Não há qualquer sugestão de qualquer fluxo de acontecimentos irrevogavelmente predeterminados; nem a sorte nem a necessidade dominam o todo da existência; não há valores absolutos que levem o homem a uma perdição inevitável por serem ignorados ou negados.

É sem dúvida o ser ele livre até mesmo de relíquias da tradicional metafísica da história (que perduram na obra até mesmo dos humanistas tão perfeitamente seculares quanto sejam Egídio e Pontano, para não mencionar autores anteriores dos "espelhos dos príncipes"), bem como a preocupação constante de Maquiavel com as questões concretas e práticas de seus dias, mais do que qualquer pressentimento misterioso da revolução científica por vir, que lhe emprestam sabor tão moderno. No entanto, fica claro que não são essas características que o tornaram tão profundamente fascinante e horripilante para seus leitores, desde o seu tempo até o nosso. "A doutrina de Maquiavel", escreveu

Meinecke, "foi uma espada enfiada no corpo político da humanidade ocidental, fazendo-o clamar e lutar contra si mesmo."[64]

O que apresentava como tão perturbador na visão de Maquiavel? O que era o "punhal" e o "ferimento sem cura" de que fala Meinecke, "a mutilação mais violenta sofrida pelo intelecto prático"[65] que Maritain denunciou de forma tão eloqüente? Se não for o realismo (impiedoso, porém dificilmente original), nem o empirismo (relativamente original, porém muito divulgado à altura do século XVIII) de Maquiavel, o que será, então?

"Nada", é o que afirma um de seus comentaristas[66]. *O príncipe* é uma mera tabulação de tipos de governo e de governante, bem como seus métodos de os reterem. É isso e nada mais. Toda a "emoção e controvérsia" ocasionadas por ele repousam obviamente em uma leitura errada quase universal de um texto excepcionalmente claro e moralmente neutro.

Cito esse comentário, que não é pouco comum, por uma questão de isenção. Minha própria resposta à indagação ficará mais clara se antes de oferecê-la eu afirmar (mesmo que de forma breve supersimplificada) o que creio terem sido as convicções positivas de Maquiavel.

II

Como os escritores romanos cujos ideais ele trazia constantemente em mente, como Cícero e Lívio, Maquiavel acreditava que o que os homens — pelo menos os homens superiores — buscavam era a realização e a glória que chegam com a criação e

[64] *Op. cit.* (nota 43), p. 61 (versão inglesa, p. 49).
[65] *Op. cit.* (nota 58), p.3.
[66] J. Pulver, *Maquiavelli: The man, his wor and his time* (London, 1937), p. 227.

> manutenção, graças a um esforço comum, de um conjunto social forte e bem-governado. Só chegarão a realizá-lo aqueles que conhecerem os fatos relevantes. Os que comentem erros e vivem em um mundo de ilusões, fracassarão em tudo o que empreenderem, pois não compreender a realidade — ou, pior ainda, ignorá-la ou menosprezá-la — sempre acabará por resultar em derrota. Nós só podemos alcançar o que pretendemos se, de início, compreendermos em primeiro lugar a nós mesmos, e a seguir a natureza do material com o qual se trabalha.

Nossa primeira tarefa, portanto, é a aquisição de tal conhecimento. Para Maquiavel, essa é uma questão basicamente psicológica e sociológica: a melhor fonte de informação é um misto de observação profunda da realidade contemporânea com qualquer sabedoria que se possa colher dos observadores do passado, em particular das grandes mentes da antigüidade, os sábios cuja companhia (como afirma em sua célebre carta a Vettori) ele busca quando se afasta das ocupações triviais de seu dia-a-dia; tais espíritos no-

A embriaguez de Noé. Noé, o agricultor, começa a plantar a vinha

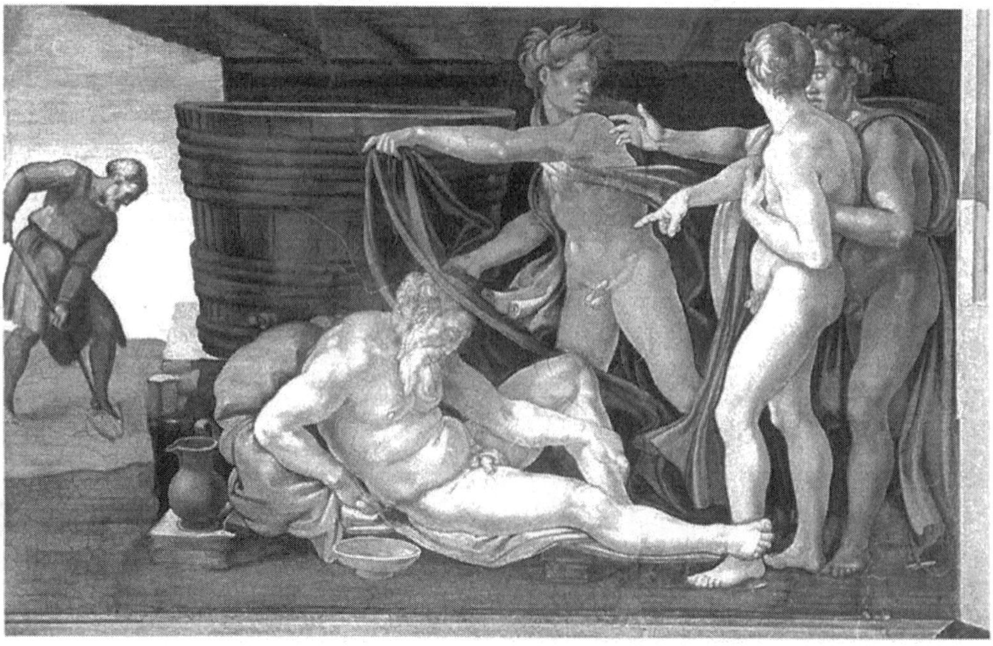

bres, em sua humanidade, tratam-no com bondade e fornecem respostas a suas perguntas; estes é que lhe ensinaram que os homens têm necessidade de um governo civil firme e enérgico. Os homens, como indivíduos, buscam finalidades diversas, e cada tipo de busca precisa de uma capacitação adequada. Escultores, médicos, soldados, arquitetos, homens de estado, amantes, aventureiros buscam, cada um, seus objetivos particulares. Para possibilitar que o façam, são necessários governos, pois não existe nenhuma mão oculta que conduza tais atividades humanas a uma harmonia natural, espontânea. (Esse tipo de enfoque é totalmente característico do humanismo do país e do tempo de Maquiavel.) Os homens precisam de governantes porque precisam de alguém que ordene os grupos humanos governados por interesses diversos e lhes tragam segurança, estabilidade e, acima de tudo, proteção contra seus inimigos, a fim de estabelecer instituições sociais que são as únicas a capacitar os homens para a satisfação de suas necessidades e aspirações. Eles jamais as alcançarão a não ser que sejam individual e socialmente saudáveis; só uma educação adequada poderá torná-los física e mentalmente resistentes, vigorosos, ambiciosos e dotados de energia suficiente para uma cooperação eficaz na busca da ordem, do poder, da glória e do sucesso.

Técnicos de governo existem — disso não tem ele a menor dúvida — embora os fatos, e por isso mesmo os métodos de tratar com os mesmos, possam parecer diferentes a um governante e a seus súditos. É uma questão de perspectiva: "os que desenham os contornos dos países se colocam algum na planície para apreciar a natureza dos montes e sobem até o alto dos montes para apreciar a natureza das planícies"[67]. O certo é que, a não ser que haja uma mão firme no leme, a nave do estado naufraga. A

[67] *O príncipe*, Dedicatória.

sociedade humana entrará em colapso, terminando em caos e imundície, a não ser que um especialista competente a dirija; e embora Maquiavel, pessoalmente, ofereça razões para preferir a liberdade e um governo republicano, há situações nas quais um príncipe forte (o Duque Valentino, até um Médici, se sua afirmação contiver qualquer sinceridade) será preferível a uma república fraca.

Tudo isso Aristóteles e, mais tarde, os estóicos, teriam avalizado. Porém, a partir do fato de que existe uma coisa que seja uma arte de governar, indispensável à conquista de objetivos que os homens de fato, buscam, não se segue daí que Maquiavel não se importa com os usos aos quais esta seria aplicada, ou que tenha produzido meramente um manual de "diretivas" políticas científicas que fosse moralmente neutro, *wertfrei*. Pois deixa mais do que claro o que ele pessoalmente deseja.

Os homens têm de ser estudados em seu comportamento, tanto quanto em suas profissões. Não existe qualquer caminho *a priori* para o conhecimento do material humano com o qual o governante terá de lidar. Existe, sem dúvida, uma natureza humana imutável cujo âmbito de resposta a situações cambiantes pode ser determinado (não há menor traço no pensamento de Maquiavel de qualquer noção de uma evolução sistemática, ou do indivíduo ou da sociedade como uma entidade autotransformadora); só se pode adquirir tal conhecimento por observação empírica. Os homens não são como foram descritos por aqueles que os idealizaram — os cristãos e outros utópicos — nem por aqueles que querem que sejam muito diferentes do que de fato são e sempre foram e não podem evitar ser. Os homens (pelo menos os seus compatriotas para os quais e a respeito dos quais está escrevendo) lhe parecem, na maior parte, "ingratos e diversos, falsos e enganadores, covardes e cúpidos [...] arrogantes e mesquinhos; seu impulso natural é o de serem insolentes quando seus negócios prosperam e abjetamente servis quando são atingidos pela adversidade"[68]. Pouco se importam com a liberdade — o nome significa mais para eles do que a realidade — e a colocam bem abaixo da segurança, da propriedade ou de vingança. Estes últimos o governante pode fornecer em medida razoável. Os homens são facilmente corrompidos e são difíceis de curar. Reagem tanto ao temor quanto ao amor, tanto ao cruel Aníbal quanto ao justo e humano Cipião. Se tais emoções não puderem ser combinadas, o temor é a mais confiável: desde que jamais se transforme em ódio, que destrói o mínimo de respeito que os governados têm de ter pelos que os governam. A sociedade é, normalmente, um campo de batalha onde têm lugar conflitos entre grupos e dentro destes. Tais conflitos só podem ser controlados por um uso criterioso tanto de persuasão quanto de força. Como se faz isso? Como na medicina, na arquitetura ou na arte da guerra, podemos adquirir conhecimento sistemático da técnica necessária só se olharmos para a prática (e a teoria) das sociedades mais bem-sucedidas que conhecemos, a saber, as da época clássica.

As teorias de Maquiavel por certo não se baseiam nos princípios científicos do século XVII. Ele viveu um século antes de Galileu e Bacon, e seu método é um misto de regras empíricas, observação, conhecimento histórico e sagacidade geral, semelhante ao da medicina empírica anterior ao mundo científico. Ele abunda em preceitos, máximas úteis, sugestões práticas, reflexões dispersas, e particularmente em paralelos históricos, muito embora afirme ter descoberto leis gerais, *regole generali* eternamente válidas. Qualquer exemplo de triunfo ou fracasso no mundo antigo,

[68] Essa célebre passagem do décimo sétimo capítulo de *O príncipe* é aqui apresentada na vívida transposição de Prezzolini: ver seu "The Christian roosts of Maquiavelli's moral pessimism", *Review of National Literatures* I (1970), pp. 26-37:27.

uma frase notável de algum autor clássico, trazem consigo mais peso (como notaram, com correção, Butterfield e Ramat) do que a análise histórica do tipo que estava começando a tornar-se comum em seu próprio tempo, e da qual Guicciardini foi mestre.

Acima de tudo ele nos adverte para que fiquemos em guarda contra os que não olham os homens como eles são, e os vêem através de óculos coloridos por suas esperanças e desejos, seus amores e ódios, em termos de um modelo idealizado do homem tal como desejam que ele seja, e não como ele é, e era, e sempre será. Os reformadores honestos, por maior mérito que tenham seus ideais, como o valoroso líder da república florentina, Piero Soderini, a quem Maquiavel serviu, ou o mais dotado ainda Savonarola (em relação ao qual sua atitude oscila violentamente), naufragaram e causaram a ruína de outros, em grande parte por substituírem o que era pelo que deveria ser, porque em algum momento eles resvalaram para o irreal.

Esses foram homens de características muito diferentes. Savonarola tinha vontade forte, enquanto Soderini, na opinião de Maquiavel, era mesquinho e indeciso de pensamento. Mas o que tinham em comum era um domínio insuficiente dos meios de se utilizar o poder. No momento crucial ambos revelaram sua falta de um senso de *verità effettuale* em política, do que funciona na prática, do verdadeiro poder, dos grandes batalhões. Os textos de Maquiavel contêm reiterados alertas contra as fontes de informação pouco confiáveis, como por exemplo emigrados cujas mentes estão distorcidas por seus desejos, não conseguindo, portanto, alcançar uma visão objetiva dos fatos, ou outros cuja razão (e este é um lugar-comum humanista) é sombreada por paixões que deformam sua visão.

O que tem conduzido e sempre conduzirá tais estadistas ao fracasso? Muitas e muitas vezes tão-somente seus ideais. O que há de errado com ideais? O fato de eles não poderem ser atingidos. Como se sabe disso? Isso é um dos fundamentos sobre os quais reside, em última análise, a pretensão de Maquiavel a ser considerado como pensador de primeira categoria. Maquiàvel tem uma visão clara da sociedade que ele deseja ver concretizada na terra, ou se isso soa por demais grandioso para um pensador tão concreto e aplicado, a sociedade que ele deseja ver atingida em seu próprio país, talvez mesmo durante sua vida; de qualquer modo, dentro de um futuro previsível. Ele sabe que uma ordem como essa pode ser criada, porque ela, ou algo suficientemente próximo dela, foi alcançada na Itália no passado, ou em outros países — em cidades suíças ou alemãs, por exemplo, ou nos grandes estados centralizados de seu próprio tempo. Não é só que queira criar ou restaurar tal ordem na Itália, mas também que ele a vê como a condição mais desejável que possa, segundo nos ensinam a história e a observação, ser atingida pelo homem.

Os dados de informação são tirados principalmente da Itália sua contemporânea; quanto à história, ela é para ele o que foi registrado pelos grandes historiadores, os escritores que ele mais admira, romanos, gregos, e os autores do Velho Testamento. Onde se elevaram os homens até sua plena altura? Na Atenas de Péricles, e no maior período da história do homem, a República Romana antes de seu declínio, quando Roma governava o mundo. Porém ele pensa bem, igualmente, dos reinos dos imperadores "bons" de Nerva a Marco Aurélio. Ele não sente que precise demonstrar que essas foram horas de ouro na vida da humanidade; o fato, acredita ele, tem de ser auto-evidente para qualquer um que contemple tais épocas e as compare aos maus períodos — os últimos anos republicanos de Roma, o colapso que se seguiu a eles, as invasões bárbaras, a escuridão da Idade

Média (embora seja possível que ele não pensasse nela em termos tais), a divisão da Itália, a fraqueza, a pobreza, a miséria, a incapacidade de defesa dos principados italianos internamente divididos e pisoteados pelos exércitos dos grandes e bem-organizados estados nacionais do norte e do oeste.

Não se preocupa em debater tal idéia muito longamente: a ele parece totalmente óbvio (como assim deve ter parecido aos homens de seu tempo) que a Itália estava em más condições, material e moralmente. Ele não precisava explicar o que queria dizer com vício, corrupção, franqueza, vidas indignas do ser humano. Uma boa sociedade é a que goza de estabilidade, harmonia interna, segurança, justiça, um sentido de poder e esplendor, como a Atenas de seus melhores dias, como Esparta, como os reinados de Davi e Salomão, como Veneza tal como fora outrora, mas — acima de tudo — como a República Romana. "Em verdade é maravilhoso refletir sobre a grandeza que Atenas alcançou no espaço de cem anos depois de se livrar da tirania de Pisistrato. Mas acima de tudo é ainda mais maravilhoso observar a grandeza a que Roma chegou depois de se livrar de seus reis."[69]

A razão para isso é a existência nessas sociedades de homens que souberam como tornar grandes as cidades. Como o fizeram? Desenvolvendo determinadas faculdades nos homens, de força moral interior, magnanimidade, vigor, vitalidade, generosidade, lealdade e, acima de tudo, espírito público, senso cívico, dedicação à segurança, ao poder, à glória e "à expansão da pátria". Os antigos desenvolviam tais qualidades por toda espécie de meios, entre os quais apareciam espetáculos deslumbrantes e sacrifícios manchados de sangue que excitavam os sentidos dos homens e lhes despertavam o potencial físico, especialmente

[69] *Os discursos*, II, 2.

pela espécie de legislação e educação que promoviam as virtudes pagãs. Poder, magnificência, orgulho, austeridade, busca da glória, vigor, disciplina, *antiqua virtus* — eis o que torna grandes os estados. Agesilaus e Timoleão, Brutus e Cipião são seus heróis; não Pisistrato ou Júlio César, que extinguiram regimes republicanos e destruíram seu espírito ao explorar as fraquezas humanas. Porém não há necessidade de se permanecer dentro dos limites greco-romanos; Moisés e Ciro merecem tanto respeito quanto Teseu ou Rômulo — homens austeros, sagazes e incorruptíveis que fundaram nações e foram corretamente honrados por elas.

O que foi feito uma vez pode ser feito de novo. Maquiavel não crê na irreversibilidade do processo histórico ou na natureza única de cada uma de suas fases. As glórias da antigüidade podem ser revisadas se homens suficientemente vigorosos, dotados e realistas, puderem ser mobilizados para tal objetivo. A fim de curar populações degeneradas de suas doenças, esses fundadores de novos estados ou igrejas talvez sejam obrigados a recorrer a

A juventude de Moisés (Sandro Botticelli)

medidas impiedosas, força e fraude, astúcia, crueldade, traição e massacre dos inocentes, medidas cirúrgicas necessárias para se restaurar um corpo apodrecido à saúde. E na verdade tais qualidades podem ser necessárias até mesmo depois de a sociedade se ter tornado novamente saudável; pois os homens são fracos e tolos e perpetuamente passíveis de novamente decair das normas que são as únicas capazes de preservá-los no nível indispensável. É em função disso que eles têm de ser mantidos nas condições corretas por medidas que por certo ofendem a moralidade dominante. Porém, se elas ofendem tal moralidade, em que sentido poderão elas ser consideradas justificadas? Esse me parece o ponto crucial de toda a concepção de Maquiavel. Em certo sentido elas podem ser justificadas, e em outro não; tais sentidos têm de ser distinguidos com mais clareza do que a ele pareceu ser necessário, já que não era um filósofo e nem se propôs a tarefa de examinar, ou de sequer enunciar, as implicações de suas próprias idéias.

Permitam-me esclarecer isso um pouco mais. É com freqüência afirmado, em particular pelos seguidores de Croce, que Maquiavel separou a política da moral — que ele recomendava como politicamente necessários caminhos que a opinião geral condena do ponto de vista moral: por exemplo pisar sobre cadáver em benefício de estado. Deixando de lado a questão de o que seria seu conceito de estado, ou se ele sequer o tinha[70], a mim parece ser essa uma falsa antítese. Para Maquiavel os fins que advogava são aqueles pelos quais ele julga que seres humanos sábios, que compreendem a realidade, optam por dedicar suas vidas. Fins últimos, nesse sentido, sejam eles ou não os da tradição judaico-cristã, são aqueles normalmente chamados de valores morais.

[70] Ver nota 63.

A distinção que Maquiavel faz não é entre valores especificamente morais e os especificamente políticos[71]; o que ele consegue não é emancipar a política da ética ou da religião, que Croce considera sua realização suprema; o que ele institui é algo que corta ainda mais profundo a distinção entre dois ideais de vida incompatíveis, e portanto de duas moralidades. Uma é a moralidade do mundo pagão: seus valores são a coragem, o vigor, a fortaleza na adversidade, a realização na vida pública, ordem, disciplina, felicidade, força, justiça e, acima de tudo, a asseveração dos reclamos adequados de cada um, e o conhecimento e poder necessários para obter sua satisfação; aquilo que, para um leitor renascentista, Péricles vira corporificado em sua Atenas ideal, Lívio encontrara na velha República Romana, e cuja decadência e morte Tácito e Juvenal lamentaram em seu próprio tempo. Essas pareceram a Maquiavel as melhores horas da humanidade e, humanista da Renascença que era, queria restaurá-la.

Contra esse universo moral (não menos moral ou ético no sentido de Croce do que no tradicional, isto é, configurando fins humanos últimos, sejam esses concebidos como forem) fica colocada, em primeiro e principal lugar, a moralidade cristã. Os ideais do cristianismo são caridade, misericórdia, sacrifício, amor a Deus, perdão aos inimigos, desprezo pelos bens deste mundo, fé em uma vida depois da morte, crença na salvação da alma individual como sendo de valor incomparável — muito mais altos do que, em verdade incomensuráveis, qualquer objetivo social, político ou terreno, ou qualquer consideração militar ou estética. Maquiavel afirma que a partir de homens que acreditem nesses ideais, e os ponham em prática, nenhuma comunidade

[71] Pelo que ele é louvado por De Sanctis, e (como Prezzolini ressalta *op. cit,* nota 2) condenado por Maurice Joly no famoso *Dialogue aux enfers entre Maquiavel et Montesquieu* (Bruxelas, 1864), que serviu como original do forjado *Protocols of the learned elders of Zion* (London, 1920).

satisfatória, no sentido romano que ele acalenta, pode em princípio ser construída. Não é simples questão de um ideal inatingível por motivo da imperfeição humana, do pecado original, da falta de sorte, da ignorância, ou da insuficiência de meios materiais. Não se trata, em outras palavras, de incapacidade prática por parte dos seres humanos comuns para elevarem-se até um nível suficiente de virtude cristã (o que pode, na verdade, ser o destino inelutável dos pecadores nesta terra) que torne possível aos homens fundar, ou sequer buscar, o bom estado cristão. Trata-se exatamente do oposto: Maquiavel está convencido de que aquelas que via de regra julgamos serem as virtudes cristãs centrais, sejam quais forem seu valor intrínseco, são obstáculos insuperáveis à construção da espécie de sociedade que ele deseja ver; uma sociedade que, além do mais, ele pressupõe seja natural desejarem todos os homens normais — a espécie de comunidade que, a seu ver, satisfaz os desejos e interesses permanentes dos homens.

Se os seres humanos fossem diferentes do que são, talvez pudessem criar uma sociedade cristã ideal. Porém Maquiavel deixa claro que os seres humanos teriam, nesse caso, de ser muito diversos tais como estes sempre têm sido; e é por certo ocioso criar para seres que jamais poderão existir na terra, ou sequer discutir tal possibilidade; tais discussões são fora de questão, e só geram sonhos maus e ilusões fatídicas. O que deveria ser feito precisa ser definido em termos do que é factível, não-imaginário; a arte do estado se preocupa com ações dentro dos limites do potencial humano, por amplo que este seja. Advogar medidas ideais, adequadas apenas aos anjos, como parece a ele terem feito escritores políticos anteriores com freqüência excessiva, é visionário e irresponsável, e conduz à ruína.

É importante compreender que Maquiavel não deseja contestar que aquilo que eles chamam virtude e vício seja, de fato, virtude e vício. Diferentemente de Hobbes e Spinoza (ou dos *philosophes* do século XVIII ou, no que importa, dos primeiros estóicos), que tentaram definir (ou redefinir) noções morais de modo a fazê-las encaixar-se no tipo de comunidade que, a seu ver, os homens racionais desejam construir (se desejam ser coerentes), Maquiavel não procura desmoralizar as noções mais comuns — o vocabulário moral tradicional e aceito da humanidade. Ele não diz nem sugere (como têm feito vários reformadores filosóficos radicais) que humildade, bondade, espiritualidade, fé em Deus, santidade, amor cristão, veracidade inabalável, compaixão, sejam maus ou atributos sem importância; ou que crueldade, má-fé, política de força, sacrifício de homens inocentes às necessidade sociais, e assim por diante, sejam bons.

Mas se a história e a visão profunda de estadistas sábios, em particular os do mundo antigo, verificadas na prática (*verità effettuale*) como o foram, é que devem nos guiar, será visto que é impossível combinar virtudes cristãs, como por exemplo a humanidade e a busca da salvação do espírito, com uma sociedade terrena satisfatória, estável, vigorosa e forte. Resulta disso que o homem tem de escolher. Escolher levar uma vida cristã é condenar-se à impotência política e a ser usado e triturado por homens poderosos, ambiciosos, inteligentes e inescrupulosos; quem quiser construir uma comunidade gloriosa como as de Atenas ou a romana em seus melhores momentos terá, então, de abandonar a educação cristã e substituí-la por algo mais adaptado a esse objetivo.

Maquiavel não é filósofo e não lida com abstrações, porém o que constitui sua tese, em última análise, é de relevância central para a teoria política: o fato que os homens se recusam a encarar é o de que esses dois objetivos, ambos, é claro, aptos a serem acreditados pelo ser humano (e, podemos acrescentar, de elevá-los a alturas sublimes), não são compatíveis entre si. O que acontece via de regra, em sua opinião, é que já que os homens não conseguem tomar a resolução de seguir, de forma decidida, um ou outro desses dois caminhos, conduzam-nos estes para onde conduzirem ("os homens tomam certos caminhos entre os dois, que são muito prejudiciais, na verdade, eles são incapazes de ser ou totalmente bons ou totalmente maus"[72]) e, se tentam alcançar algum tipo de compromisso, vacilam, se perdem em dúvidas e acabam em fraqueza e fracasso.

Qualquer coisa que conduza à ineficiência política é condenada por ele. Em famosa passagem nos *Discursos*, ele diz que a fé cristã tornou os homens "fracos", presa fácil dos "homens maus", já que pensam mais em aturar as injúrias que lhes são feitas do que em vingá-las[73]. O efeito geral do ensinamento cristão tem sido o de destruir o espírito cívico dos homens e fazê-los aturar humilhações sem se queixar, de modo que os destruidores e os déspotas encontram muito pouca resistência. Donde o cristianismo ser, sob esse ponto de vista, desfavoravelmente comparado às religiões romanas, que faziam os homens mais fortes e mais "ferozes".

Maquiavel modifica essa avaliação do cristianismo em pelo menos duas passagens dos *Discursos*. Na primeira, observa ele que o cristianismo tem tido esse efeito infeliz só porque foi mal-interpretado em um espírito de *ozio* — quietude ou indolência —, pois não existe nada no cristianismo que proíba "o aprimoramento e a defesa de nosso país"[74].

[72] *Os discursos*, I, 26.
[73] *Ibid.*, II, 2.
[74] *Ibid.*

Na segunda passagem, ele declara que, "se a religião desse tipo houvesse sido respeitada entre os príncipes da Cristandade, na forma na qual seu enunciador a fundou, os estados e repúblicas cristãos seriam mais unidos e muito mais felizes do que são"[75], porém o cristianismo decadente da Igreja tem tido o efeito oposto — o papado destruiu "toda piedade e toda religião" na Itália, bem como sua unidade.

Mesmo que tais passagens sejam tomadas literalmente, e não vistas como exemplo de um mínimo de respeito da boca para fora, com o objetivo de evitar a censura e a perseguição clericais, o que elas afirmam é que, se a Igreja houvesse desenvolvido um ponto de vista patriótico e totalmente militante, na linha da *antiqua virtus* romana, e tornado os homens viris, austeros, dedicados e de espírito público, ela teria produzido conseqüências sociais mais satisfatórias. O que ela tem feito é conduzido, por um lado, à corrupção e à divisão política — por culpa do papado — e, por outro, à espiritualidade e resignação humilde face ao sofrimento na terra com vistas à vida eterna para além do túmulo. É esta última postura que esgarça o tecido social e ajuda os violentos e os opressores.

Nesse ataque político à Igreja, compartilhado por Guicciardini e outros de seu tempo, Maquiavel poderia ter encontrado aliados entusiasmados na Reforma (não há provas, que eu saiba, de que notícias da "briga dos monges" lhe tenham chegado aos ouvidos). Sua exigência de um cristianismo que não colocasse as bênçãos de uma consciência pura e da fé em Deus acima do sucesso terreno, nem exaltasse o amor à glória e a asseveração pessoal acima da humanidade e da resignação poderia ter encontrado maior dificuldade de aceitação. Maquiavel não encontra nada para criticar na religião romana pagã quando mais vigorosa; ele pede uma religião semelhante — não sendo neces-

[75] *Ibid.*, I, 12.

sário que fosse totalmente não-cristã, mas suficientemente atlética para ser, em seus aspectos práticos, não menos eficaz do que aquela. Não me parece ser irrazoável concluir, a partir disso (como nos dizem Fichte[76] e Prezzolini[77]), que ele seja crítico implacável das instituições verdadeiramente cristãs, em lugar de seu defensor. Nisso ele é seguido por todos os pensadores posteriores que compartilham com ele ou sua concepção do homem e das necessidades naturais deste (materialistas do século XVIII, Nietzsche, darwinistas sociais) ou (como Rousseau e alguns positivistas do século XIX) seus ideais cívicos.

É importante notar que Maquiavel não faz uma condenação formal da moral cristã, ou dos valores que sua própria sociedade aprova. Ao contrário de moralistas sistemáticos como Hobbes ou Spinoza, ele não tenta redefinir termos para adaptá-los a um racionalismo egoísta, a fim de que virtudes cristãs tais como, digamos, piedade, humildade, altruísmo, obediência sejam apresentadas como fraquezas ou vícios. Ele não transpõe nada: as coisas que os homens chamam de boas são realmente boas. Palavras como *buono*, *cattivo*, *onesto*, *inumano*, etc. são usadas por ele como o eram na linguagem comum de seu tempo, na verdade até do nosso próprio. Ele apenas diz que a prática de tais virtudes torna impossível a construção de uma sociedade que, quando contemplada nas páginas da história ou pela imaginação política, provoquem, com certeza, em nós — em qualquer homem — um grande desejo.

Uma das passagens cruciais é encontrada no décimo capítulo do primeiro livro dos *Discursos*: ele está tentando estabelecer uma distinção entre os bons e os maus imperadores romanos em linhas semelhantes às de Tácito ou Dio, e acrescenta que, "se

[76] *Fichte's Werke*, ed. Immanuel Hermann Fichte (Berlim, 1971), v. II, pp. 411-13.
[77] *Op. cit.* (nota 2), p. 43 na versão inglesa.

um príncipe nasce humano, ele será espantado para longe de qualquer arremedo de tempos maus e imbuído de um imenso desejo de seguir o exemplo dos bons" — "bons" em algum sentido não-cristão, é claro. Whitfield não o considera pessimista e nem cínico. Talvez não-cínico — é sutil a questão: a divisória entre o cinismo (e na verdade também entre o pessimismo) e um realismo implacável não é fácil de se determinar. No entanto, como todo pensador humanista desde o tempo dele até o nosso, ele acredita que, se a verdade viesse a ser efetivamente conhecida — a verdade verdadeira, não os contos de fada dos moralistas rasteiros —, esta ajudaria os homens a se conhecerem melhor e a chegarem mais longe.

Papa Júlio II (pintura a óleo de Rafael, 1512)

Acredita ele que as qualidades que o homem necessita a fim de reviver tais *buoni tempi* não são compatíveis com as que lhe são mais valorizadas em uma educação cristã. Ele não tem qualquer desejo de corrigir o conceito cristão de um homem bom. Ele jamais afirma que um santo não seja um santo, ou que o comportamento honrado não seja honrado ou não deva ser admirado; acontece apenas que esse tipo de bondade não pode, ao menos em suas formas tradicionais aceitas, criar ou manter uma sociedade forte, segura e vigorosa, sendo-lhe na verdade fatal. Salienta que em nosso mundo os homens que perseguem tais ideais são condenados a serem derrotados e a conduzirem outras pessoas à ruína, já que sua visão do mundo não tem fundamento na verdade, ou pelo menos na *verità effettuale* — a verdade testada pelo sucesso e pela experiência — que (mesmo cruel) é sempre, afinal, menos destrutiva do que a outra (por mais nobre que seja).

Se as duas passagens mencionadas acima[78] forem aceitas literalmente, o cristianismo, ao menos em teoria, poderia ter tomado uma forma não-incompatível com as qualidades que ele admira; porém não é de surpreender que ele não insista nessa linha de raciocínio. A história tomou outro rumo. A idéia de uma tal comunidade cristã — se ele pensasse seriamente nela — deve ter lhe parecido tão utópica quanto um mundo no qual todos, ou até mesmo a maioria dos homens, sejam bons. Os princípios cristãos têm enfraquecido as virtudes cívicas do homem. Especular quanto à forma que a Cristandade teria tomado ou ainda poderia vir a tomar, mesmo que em circunstâncias bem pouco prováveis, só poderia ser para ele um passatempo ocioso (e perigoso).

Os cristãos tais como os conheceu na história ou em sua própria experiência, isto é, os homens que na prática efetivamente seguem os preceitos cristãos, são homens bons, mas quando governam estados à luz de tais princípios, levam-nos à destruição. Como o príncipe Myshkin de *O idiota*, de Dostoievski; como os bem-intencionados *gonfalonieri* da República Florentina, como Savonarola, estavam condenados a serem derrotados pelos realistas (os Médici, ou o papa, ou o Rei Fernando da Espanha), que compreendiam como são criadas as instituições duradouras; criadas que sejam se necessário for, sobre os ossos de vítimas inocentes. Eu gostaria de ressaltar novamente que ele não condena explicitamente a moralidade cristã: apenas indica que ela é, ao menos nos governantes (porém, em certa medida também nos

[78] Ver notas 74 e 75.

governados), incompatível com aqueles fins sociais que ele julga natural e sábio que os homens busquem. Um indivíduo pode salvar a sua alma, ou ele pode fundar ou manter ou servir a um grande e glorioso estado; porém nem sempre ao mesmo tempo. Isso constitui um vasto e eloqüente desenvolvimento do *obiter dictum* de Aristóteles em sua *Política*, em que um homem bom não pode ser idêntico ao bom cidadão (mesmo que Aristóteles não estivesse pensando em termos de salvação espiritual). Maquiavel não valoriza de forma explícita nenhum dos dois modos de vida mais do que o outro. Quando ele diz que o ódio é alcançado tanto por meio de boas ações quanto de más[79], ele quer dizer por "boas ações" o que qualquer homem criado para viver segundo valores cristãos quer dizer. E ainda, quando ele diz que a boa fé e a integridade são "dignas de louvor"[80] mesmo que terminem em fracasso, ele quer dizer por "dignas de louvor" que é correto que se as louve, pois é claro que o que é bom (no sentido mais comum da palavra) [realmente] **é** bom. Quando ele elogia "a abstinência, a afabilidade, a humanidade, a liberalidade"[81] de Cipião ou Ciro ou Timoleão, ou mesmo a "bondade" do papa Médici Leão X, está falando (seja ele sincero ou não) em termos de valores comuns a Cícero e Dante, a Erasmo e a nós mesmos. No famoso décimo quinto capítulo de *O príncipe*, diz ele que liberalidade, misericórdia, honra, humanidade, franqueza, castidade, religião, e assim por diante são de fato virtude e que uma vida vivida no exercício de tais virtudes seria um sucesso se todos os homens fossem bons. Porém eles não são; e é ocioso esperar que eles assim se tornem. Temos de aceitar os homens tais como os encontramos, e buscar aprimorá-los por caminhos possíveis, não por caminhos impossíveis.

[79] *O príncipe*, capítulo 19.
[80] *Ibid.*, capítulo 18.
[81] *Ibid.*, capítulo 14.

Isso pode envolver os benfeitores dos homens — fundadores, educadores, legisladores, governantes — nas mais terríveis crueldades. "Tenho consciência de que todos hão de admitir que seria mais do que louvável que um príncipe ostentasse tais qualidades das acima mencionadas que sejam consideradas como boas. Porém, como nenhum governante pode possuí-las ou exercê-las plenamente, porque a condição humana não o permite"[82], ele tem por vezes de comportar-se de forma muito diversa a fim de alcançar seus fins. Moisés e Teseu, Rômulo e Ciro, todos mataram; o que criaram durou, e foi glorioso; "É preciso entender o seguinte: que um príncipe, especialmente um novo príncipe, não pode observar todas as coisas a que são obrigados os homens considerados bons, pois ele é freqüentemente forçado, para manter seu governo, a agir contra a caridade, contra a fé, contra a humanidade, contra a religião. Por isso é necessário que possua ânimo disposto a voltar-se para onde os ventos e as variações da sorte o impelirem; e, como já afirmei, não se desviando de ser bom enquanto puder mas sabendo valer-se do mal quando necessário."[83] "Se os homens fossem todos bons, esse preceito [de quebrar a palavra se os interesses assim o ditarem] não seria bom. Mas por serem pérfidos eles não cumprem as promessas que fazem."[84] A força e o ardil terão, portanto, de ser enfrentados com forças e ardis.

As qualidades do leão e da raposa são em si mesmas moralmente admiráveis, porém se só uma combinação de tais qualidades poderá impedir a destruição da cidade, então essas serão as qualidades que seus líderes terão de cultivar. Ele terão de o fazer não só para servir a seus próprios interesses, isto é, porque é assim que um

[82] *Ibid.*, capítulo 15.
[83] *Ibid.*, capítulo 18
[84] *Ibid.*, capítulo 18.

indivíduo pode se tornar um líder, embora o fato de os indivíduos se tornarem líderes ou não seja questão de indiferença para o autor — mas porque as sociedades humanas na verdade precisam de liderança, e não podem vir a ser o que deveriam a não ser pela busca eficaz do poder, da estabilidade, da virtude, da grandeza. Esses podem ser alcançados quando os homens são liderados por Cipiões e Timoleões, ou, se os tempos forem maus, por homem de caráter ainda mais impiedoso. Aníbal era cruel, e a crueldade não é uma qualidade louvável, mas se uma sociedade sólida só puder se erigida sobre a conquista, e se a crueldade for necessária a esta, então ela não poderá ser evitada.

Maquiavel não é sádico; ele não saboreia a necessidade de se usar a impiedade ou a fraude no intuito de se criar ou manter a espécie de sociedade que admira e recomenda. Seus mais selvagens exemplos e preceitos aplicam-se tão-somente a situações nas quais a população é totalmente corrupta, e necessita medidas violentas para ter sua saúde restaurada, por exemplo, quando um novo príncipe assume o governo ou se torna necessário efetivar uma revolução contra um mau príncipe. Quando uma sociedade é relativamente sólida, ou o governo é tradicional, hereditário e apoiado pelo sentimento público, seria totalmente errado usar a violência, já que os resultados seriam destrutivos para a ordem social, quando o objetivo do governo é o de criar ordem, harmonia, força. Aquele que é leão e raposa tem condições para ostentar virtudes — castidade, afabilidade, misericórdia, humanidade, liberalidade, honra — como Agesilaus e Timoleão, Camilo, Cipião e Marcos fizeram. Porém se as circunstâncias forem adversas, e ele se encontrar circulando por traição, o que poderá fazer senão emular Filipe, Aníbal e Severo?

O mero desejo de poder é destrutivo: Pisistrato, Dionísio, César foram tiranos e fizeram mal. Agátocles, tirano de Siracusa, que conquistou o poder matando seus concidadãos, traindo seus amigos, não tendo fé, piedade e religião[85], foi longe demais, e não alcançou a glória; sua ultrajante crueldade e desumanidade junto com seus incontáveis atos maus[86] levaram-no ao sucesso, porém como tanto vício não fora necessário para este, ele fica excluído do panteão; assim também o selvagem Liverotto de Fermo, seu equivalente moderno, morto por César Bórgia. Mesmo assim, ser totalmente destituído de tais qualidades é garantia de fracasso, o que torna impossível a única condição na qual Maquiavel acreditava poderem se desenvolver com sucesso os homens normais. Os santos talvez não precisem delas; os anacoretas talvez pudessem exercer suas virtudes no deserto; os mártires alcançarão suas recompensas no além; mas fica claro que Maquiavel não está interessado em tais modos de vida, e não os discute. Ele escreve sobre o governo; está interessado em questões da vida pública; em segurança, independência, sucesso, glória, força, vigor, felicidade na terra, não no céu; no presente e no futuro, tanto quanto no passado, no mundo real, não em algum outro, imaginativo. E por isso, dadas as inalteráveis limitações humanas, o código que é pregado pela Igreja, se for levado a sério, não é admissível.

Maquiavel, dizem-nos com freqüência, não se preocupava com a moral. A mais influente de todas as interpretações modernas — a de Benedetto Croce, seguida até certo ponto por Chabod, Russo e outros — é a de que Maquiavel, nas palavras de Cochrane[87], "não negava a validade da moralidade cristã, nem fingia que um crime requerido pela necessidade política deixaria por isso de ser crime. Ele simplesmente descobriu [...] que tal moralidade simplesmente não se sustenta em questões políticas, e que qualquer política com base no pressuposto de que ela se sustentasse acabaria

[85] *O príncipe*, capítulo 8.
[86] *Ibid.*, capítulo 8.
[87] *Op. cit.*, nota 2, p. 115.

em desastre. Sua descrição factual e objetiva das práticas políticas de seu tempo, então, é sinal, não de cinismo ou de distanciamento, mas de angústia".

Tal avaliação, parece-me, contém dois erros básicos de interpretação. O primeiro é o de que o confronto seja entre "essa moralidade (ou seja, a cristã)" e a "necessidade política", cuja implicação é a de que haja incompatibilidade entre, por um lado, a moralidade — a região dos valores últimos buscados por si mesmos, valores que nos capacitam a falar de "crimes" ou a justificar ou condenar qualquer coisa do ponto de vista moral — e por outro, a política — a arte de adaptar os meios aos fins —, a região das capacitações técnicas, do que Kant viria a chamar "imperativos hipotéticos", que tomam a forma "quem quiser atingir *x* faça *y* (por exemplo, trair um amigo, matar um inocente)"; sem considerar necessário indagar se *x* é em si desejável ou não. Esse é o âmago do divórcio entre a política e a ética que Croce e muitos outros atribuem a Maquiavel. Porém a mim este parece repousar sobre um erro. Se a ética fica restrita, digamos, à estóica, à cristã, à kantianta ou até

Virgem das rochas
(Leonardo da Vinci, 1503-1506).
National Gallery, Londres

mesmo a alguns tipos de ética utilitária, onde a fonte e o critério dos valores é a palavra de Deus, ou a razão eterna, ou algum sentido ou conhecimento interior de bem e mal, de certo e errado, vozes que falam diretamente à consciência individual com autoridade absoluta, isso poderia ter sido sustentável. Porém existe uma outra ética consagrada pelo tempo, a da *polis* grega, da qual Aristóteles nos fornece a mais clara apresentação. Já que os homens foram feitos pela natureza para viver em comunidades, seus objetivos comunitários são valores últimos dos quais todos os outros se derivam, ou com os quais os seus objetivos finais, como indivíduos, são identificados. A política — a arte de se viver na *polis* — não é uma atividade que possa ser dispensada por aqueles que preferem viver uma vida privada: não se trata de marinhagem ou escultura, que aqueles que não desejam exercê-las não precisam empreender. A conduta política é intrínseca ao ser humano em determinado estágio da civilização, e o que ela exige é intrínseco ao processo de vida bem-sucedido da vida humana.

A ética concebida de tal modo — o código de conduta, ou o ideal a ser buscado pelo indivíduo — não pode ser conhecida a não ser pela compreensão do objetivo e do caráter da *polis*: e menos ainda ser capaz de ser divorciada destes, sequer em pensamento. É essa a espécie de moralidade pré-cristã que Maquiavel pressupõe. "É bem-sabido", diz Benedetto Croce[88], "que Maquiavel descobriu a necessidade e a autonomia da política, uma política para além do bem e do mal, que não pode ser exorcizada e banida do mundo com água benta." Para além do bem e do mal em algum sentido não-aristotélico, religioso ou liberal-kantiano; porém, não para além do bem e do mal das comunidades, antigas ou modernas, cujos valores sagrados são inte-

[88] *Op. cit.*, nota 20, p. 60.

gralmente sociais. A arte da colonização ou do assassinato em massa (digamos) também podem ter suas "próprias leis contra as quais será fútil o rebelar-se" para os que as quiserem exercer com sucesso. Porém, se e quando tais leis colidirem com as da moralidade, é possível — e na verdade moralmente imperativo — o abandono de tais atividades.

Porém, se Aristóteles e Maquiavel estiverem certos a respeito de sobre o que são os homens (e o que deveriam ser — e o ideal de Maquiavel é, em particular nos *Discursos*, desenhado em cores vívidas), a atividade política é intrínseca à natureza humana, e, muito embora este ou aquele indivíduo possa optar por afastar-se dela, a massa da humanidade não o pode fazer; e é a vida comunitária que determina os deveres morais de seus membros. Portanto, ao opor as "leis da política" a "o bem e o mal", Maquiavel não está contrastando duas esferas de ação "autônomas" — a "política" e a "moral": ele está contrastando sua própria ética "política" com outra concepção dela que governa as vidas daqueles que não o interessam. Ele está em verdade rejeitando uma moralidade — a cristã — porém não em favor de alguma coisa que não possa de todo ser descrita como uma moralidade, mas apenas como um jogo de habilidade, uma atividade chamada política, que não se preocupa com os fins últimos humanos, e portanto absolutamente não é ética.

Ele está efetivamente rejeitando a ética cristã, porém em favor de um outro sistema, um outro universo moral — o mundo de Péricles e Cipião, ou até mesmo do Duque Valentino, uma sociedade engrenada no sentido de finalidades tão últimas quanto as da fé cristã, uma sociedade na qual os homens lutam e estão prontos a morrer por fins (públicos) que eles buscam exclusivamente por estes mesmos. Eles fazem sua escolha não por um reino de meios (chamado de política) em oposição a um reino de fins (chamados de moral), mas optam, antes, por uma moralidade rival (romana ou clássica), um reino de fins alternativo. Em outras palavras, o conflito é entre duas moralidades, a cristã e a pagã (ou, como alguns gostariam de chamá-la, estética), não entre os reinos autônomos da moral e da política.

E nem é esta mera questão de nomenclatura, a não ser que a política seja concebida como se ocupando não (como geralmente o é) com meios, capacitações, métodos, técnicas, *know-how*, a "prática" de Croce (governada ou não por regras próprias inquebrantáveis), mas com um reino independente com fins próprios, buscado por si mesmo, um substituto para a ética[89]. Quando Maquiavel disse (em carta a Francisco Vettori) que amava sua cidade natal mais do que sua própria alma, estava revelando seu credo moral básico, posição pela qual Croce não lhe dá crédito[90].

A segunda tese ligada a isso que me parece enganada é a idéia de que Maquiavel via os crimes de sua sociedade com angústia. (Chabod em seu excelente estudo, diferentemente de Croce e de alguns croceanos, não insiste nisso.) Isso implica a afirmação de que ele aceita as terríveis necessidades da *raison d'état* com relutância, por não ver nenhuma outra alternativa. Porém não há evidência disso: não há qualquer traço de agonia em suas obras políticas, como não os há em suas peças ou suas cartas.

O mundo pagão que Maquiavel prefere é construído sobre o reconhecimento da necessidade para a artimanha e a força sistemáticas para os governantes, e parece julgar natural e nada excepcional ou moralmente angustiante que eles usem tais armas sempre que estas forem necessárias. Assim como não o é a distinção que estabelece entre os governados e os governantes. Os súditos ou

[89] Meinecke, Prezzolini (*op. cit.*, nota 2, versão inglesa, p. 43) e Ernesto Landi. "The political philosophy of Maquiavelli", trad. de Maurice Cranston, *History Today* 14 (1964), pp. 550-5, parecem-me os que mais se aproximam dessa posição.

[90] Benedetto Croce. "Per um detto del Maquiavelli", *La critica* 28 (1930), pp. 310-12.

cidadãos devem ser romanos também: eles não precisam da *virtù* dos governantes, mas, se eles também forem desonestos, as máximas de Maquiavel não funcionam; estes deverão ser pobres, militarizados, honestos e obedientes; se levarem vidas cristãs, haverão de aceitar por demais sem queixa o governo de meros opressores e canalhas. Nenhuma república sólida pode ser construída com material como esse. Nem Teseu e nem Rômulo, Moisés ou Ciro pregaram a humildade ou uma visão deste mundo só como local de descanso temporário para seus súditos.

Porém é a primeira interpretação errada que vai mais fundo, aquela que apresenta Maquiavel como se preocupando pouco ou nada por questões morais. Isso por certo não fica confirmado pelo que ele mesmo diz. Qualquer um cujo pensamento revolve em torno de conceitos centrais tais como o bem e o mal, o corrupto e o puro, tem em mente uma escala ética em termos da qual distribui elogios ou condenações morais. Os valores de Maquiavel não são cristãos, mas são valores morais.

Sobre esse ponto crucial a crítica que faz Hans Baron à tese Croce-Russo[91] parece-me correta. Contra o ponto de vista de que para Maquiavel política escapa à crítica moral, Baron cita algumas das passagens apaixonadamente patrióticas, republicanas e literárias dos *Discursos*, nas quais as qualidades (normais) dos cidadãos de uma república são favoravelmente comparadas com as dos súditos de algum príncipe despótico. Só dificilmente poderá o último capítulo de *O príncipe* ser tido como obra de um observador distante, moralmente neutro, ou de um homem absorto em si mesmo, preocupado com seus problemas pessoais interiores, que encara "com angústia" a vida pública como o cemitério dos princípios morais. Como as de Aristóteles ou

[91] Hans Baron, "Maquiavelli: The Republican citizen and the author of *The prince*". *English Historical Review* 76 (1961), pp. 217-53, *passim*.

Cícero, a moralidade de Maquiavel era social e não individual: porém ela é uma moralidade, não menos do que as deles, e não uma região amoral, para além do bem e do mal.

Não se segue a isso, é claro, que ele ficasse com freqüência fascinado pelas técnicas da vida política como tais. O aconselhamento dado igualmente aos conspiradores e a seus inimigos, a avaliação profissional dos métodos de Oliverotto ou Sforza ou Baglioni nascem de uma típica curiosidade humanista, a busca para uma ciência aplicada da política, o fascínio pelo conhecimento só pelo conhecimento, sejam quais forem suas implicações. Mas o ideal moral, o dos cidadãos da República Romana, nunca fica muito distante. As capacitações políticas só são valorizadas como meios — por sua eficácia na criação de condições nas quais homens doentes possam recuperar a saúde e florescer. E é isso precisamente o que Aristóteles teria chamado um homem correto e moral.

Isso ainda nos deixa a braços com o problema da relação de *O príncipe* com *Os discursos*. Mas sejam quais forem suas disparidades, o veio central que corre através de ambos é o mesmo. A visão (o sonho típico de muitos escritores que se vêem como realistas durões) — de uma *patria* forte, unida, eficaz, moralmente regenerada, esplêndida e vitoriosa, seja ela salva pela *virtù* de um ou de muitos — permanece central e constante. Os julgamentos políticos, as atitudes em relação a indivíduos ou a estados, à *fortuna* e à *necessità*, a avaliação dos métodos, o grau de otimismo, o clima fundamental — esses variam de obra para obra, talvez até mesmo dentro de uma mesma exposição. Mas os valores básicos, o fim último — a visão beatífica de Maquiavel — não varia.

Sua visão é social e política. Donde o conceito tradicional dele como um simples especialista em como se levar a melhor sobre os outros — um cínico vulgar que afirma que os preceitos da escola dominical são muito bons em si, mas em um mundo cheio de homens maus você também precisa mentir, matar e assim por diante, para poder chegar a algum lugar — ser incorreto. A filosofia resumida em "coma ou seja comido", "vença ou será vencido" — a espécie de sabedoria mundana a ser encontrada em, digamos, Mazzei[92] ou Giovanni Morelli[93], com os quais ele tem sido comparado — não é central nele. Maquiavel não se preocupa em particular com o oportunismo de indivíduos ambiciosos; o ideal que traz diante dos olhos é uma visão refulgente de Florença ou da Itália; e nesse aspecto ele é tipicamente um humanista apaixonado da Renascença, a não ser por seu ideal não ser artístico ou cultural, e sim político, a não ser que o estado — ou a Itália regenerada — possa ser considerada, no sentido de Burckhardt, como um objetivo artístico. Isso é muito diferente da mera defesa da truculência mental como tal, ou de algum realismo cujo objetivo final não seja levado em conta.

Os valores de Maquiavel, gostaria de repetir, não são instrumentais, mas morais e últimos, e ele pede grandes sacrifícios em seu nome. Por tais valores ele rejeita a escala rival — os princípios cristãos de *ozio* e humildade — não, na verdade, como sendo esta defeituosa em si, mas como inaplicável às condições da vida real; e a vida real, para ele, significa não só (como é muitas vezes alegado) a vida tal como era vivida em torno dele na Itália — os crimes, as hipocrisias, brutalidades, loucuras de Florença, Roma, Veneza, Milão. Nada disso é a pedra de toque da realidade. Seu objetivo é o de não deixar sem mudança tampouco que seja reproduzida essa espécie de vida, mas ele-

[92] Ver Lapo Mazzei, *Lettere di um notaro a um mercante del secolo XIV*, ed. Cesare Guasti, 2 v. (Florença, 1880).

[93] Giovanni di Pagolo Morelli, *Ricordi*, ed. Vittore Branca (Florença, 1956).

vá-la a um novo plano, salvar a Itália da imundície e da escravatura, levando-a de volta à saúde e à sanidade.

O ideal moral pelo qual julga nenhum sacrifício ser grande demais — o bem-estar da pátria — é para ele a mais alta forma de existência atingível pelo homem; mas atingível, não inatingível; não um mundo fora dos limites da capacidade humana, dado os seres humanos serem tais como nós os conhecemos, isto é, criaturas compostas por aquelas propriedades emocionais, intelectuais e físicas das quais a história e a observação fornecem exemplos. Ele pede homens mudados, não transfigurados, não sobre-humanos; tampouco pede ele um mundo de seres ideais desconhecidos, que, mesmo que pudessem ser criados, não poderiam ser chamados de humanos.

A Sibila de Delfos

Para aqueles que fazem objeção aos métodos políticos recomendados por lhe serem moralmente detestáveis, para o que se recusa a embarcar neles porque são, para usar o termo de Ritter, *erscheckend*, por demais assustadores, Maquiavel não tem resposta, nem argumentos. Em tal caso, este terá seu perfeito direito de levar uma vida moralmente boa, ser um cidadão privado (ou um monge), de buscar o seu canto. Porém, se assim for, o indivíduo não deve se fazer responsável pelas vidas de outros ou esperar boa sorte; no sentido material, ele deve esperar ser ignorado ou destruído.

Em outras palavras, cada um pode optar por deixar o mundo público, mas neste caso Maquiavel não tem nada a dizer-lhe, pois é ao mundo público e aos homens que vivem nele que ele se dirige. Isso fica muito claramente expresso em seu notório conselho ao vencedor que tem de controlar uma província conquistada. Ele aconselha uma providência total e imediata: novos governadores, novos títulos, novos poderes e novos homens; ele deveria "tornar pobres os ricos e ricos os pobres", como fez Davi ao se tornar rei: "os pobres ele encheu de coisas boas e os ricos ele mandou embora vazios". Além disso, ele deveria construir novas cidades, derrubar as já construídas, mudar os habitantes de um lugar para outro; em resumo, não deveria deixar nada na província intocado, e garantir que nenhuma classe, posição, posto ou riqueza seja mantida por qualquer pessoa que não tenha de reconhecer que o recebeu dele[94]. Deveria tomar Filipe da Macedônia por modelo, que "se desenvolveu desse modo até se tornar senhor da Grécia".

Diz-nos o historiador de Filipe que ele transferiu os habitantes de uma província para outra "como o boiadeiro transfere o seu rebanho" de um lugar para outro. Sem dúvida, continua Maquiavel, "tais métodos são muito cruéis, e inimigos de todo governo, não só cristão como humano, e qualquer homem, deveriam evitá-los e preferir viver uma vida privada antes que a de um rei que arruína de tal modo os homens. Entretanto, um governante que não deseje tomar aquele primeiro e bom caminho do governo legal, que deseje manter-se, terá de enveredar por esse, malévolo. Porém os homens tomam certos caminhos intermediários que são muito prejudiciais; na verdade, são incapazes de ser inteiramente bons ou inteiramente maus"[95].

[94] *Os discursos*, I, 26.
[95] *Os discursos*, I, 26.

Tudo isso é bastante claro. Há dois mundos, o da moralidade pessoal e o da organização pública. Há dois códigos de ética, ambos de valores últimos; não duas regiões "autônomas", uma da "ética", outra da "política", mas sim (para ele) duas alternativas, mutuamente excludentes, entre dois sistemas de valores conflitantes. Se um homem escolher o "primeiro caminho bom", ele terá, presume-se, de abandonar qualquer esperança de Atenas ou Roma, de uma sociedade nobre e gloriosa na qual os seres humanos podem florescer, se tornarem fortes, orgulhosos, sábios e produtivos; em verdade, eles terão de abandonar toda esperança de uma vida tolerável na terra: pois os homens não podem viver fora da sociedade; não sobreviverão coletivamente se forem guiados por homens que (como Soderini) são influenciados pela primeira moralidade, a "privada"; não serão capazes de concretizar seus objetivos mínimos como homens; acabarão em estado de degradação moral, e não apenas política. Porém se um homem escolhe, como fez o próprio Maquiavel, o segundo caminho, então ele precisa suprimir seus escrúpulos privados, se é que os tem, pois o certo é que aqueles que forem muito melindrosos durante a reformulação da sociedade, ou até mesmo durante sua busca e manutenção de poder e glória, acabarão contra a parede. Quem resolver fazer uma omelete não poderá fazê-la sem quebrar ovos.

Maquiavel é por vezes acusado de saborear excessivamente a perspectiva de quebrar ovos — quase que só pelo prazer de os quebrar. Isso é injusto. Ele considera que tais métodos impiedosos são necessários — necessários como um meio de se oferecer bons resultados, bons em termos de uma moralidade não-cristã mas secular, humanista, naturalista. Seus exemplos mais chocantes o demonstram. O mais famoso talvez seja o de Giovanpaolo Baglioni, que capturou Júlio II durante uma de suas campanhas e o deixou fugir, quando, no ponto de vista de

Maquiavel, ele o poderia ter destruído e a seus cardeais cometendo desse modo um crime "cuja grandeza teria transcendido toda infâmia, todo perigo que dele pudesse resultar"[96].

Como Frederico o Grande (que chamava Maquiavel "o inimigo da humanidade" e seguia seus conselhos)[97], Maquiavel está, na verdade, dizendo "*Le vin est tiré: il faut le boire*"[98]. Uma vez que um homem embarca em um plano para a transformação de uma sociedade, ele tem de levá-lo avante, não importa o que custe: atrapalhar-se, recuar, ser avassalado por escrúpulos é trair a causa que elegeu. Ser médico é ser um profissional, pronto a queimar, a cauterizar, a amputar, se assim a moléstia exigir; então parar a meio do caminho por melindres pessoais, ou por alguma regra alheia à sua arte e à sua técnica, é sinal de confusão e fraqueza, que acabará sempre por conduzi-lo ao pior de ambos os mundos. E há pelo menos dois mundos: cada um deles tem muito, na verdade tudo, a ser dito a seu favor; mas são dois, e não apenas um. É preciso que se aprenda a escolher entre eles e, uma vez feita a escolha, que não se olhe mais para trás.

Existe mais de um mundo, como mais de um conjunto de virtudes: a confusão entre eles é desastrosa. Uma das principais ilusões causadas por se ignorar tal premissa é a visão platônico-judaico-cristã de que governantes virtuosos criam homens virtuosos. Segundo Maquiavel, isso não é verdade. A generosidade é uma virtude, porém não em um príncipe. Um príncipe generoso arruína os cidadãos por cobrar-lhes impostos muito altos, um príncipe mesquinho (e Maquiavel jamais diz que a mesquinharia seja virtude no indivíduo em sua vida privada) poupa o bolso dos cidadãos e com isso aumenta o bem-estar público. Um governante bom — e a bondade é uma virtude — é capaz de

[96] *Ibid.*, I, 27.

[97] Até hoje não é muito claro o quanto disso Frederico deveu a seu mentor Voltaire.

[98] "O vinho está servido. Resta bebê-lo".

deixar intrigantes e personalidades mais fortes dominá-lo, e com isso provocar o caos e a corrupção.

Outros autores de "espelhos para príncipes" são igualmente ricos em tais máximas, mas não tiram delas suas implicações; o uso de tais generalizações por Maquiavel não é o deles; ele não moraliza de forma genérica, mas ilustra uma tese específica: que a natureza dos homens é que dita uma moralidade pública que é diversa das virtudes nas quais os homens professam acreditar e segundo as quais tentam viver, ou seja, os preceitos cristãos (podendo mesmo entrar em colisão com estes). É possível que estes não sejam totalmente irrealizáveis em tempos tranqüilos ou na vida privada. Porém fora dessa esfera eles levam à ruína. A analogia entre um estado e um povo com um indivíduo é uma falácia: "um estado e um povo são governados de modo diverso do que o é um indivíduo"[99], "não é o bem individual mas o bem comum que torna grandes as cidades"[100].

Pode-se discordar disso. Pode-se argumentar que a grandeza, a glória e a riqueza de um estado são ideais vazios, ou detestáveis, se os cidadãos forem oprimidos e tratados apenas como meios para a grandeza do todo. Como os pensadores cristãos, ou como Constant e os liberais, ou como Sismondi e os teóricos do bem-estar estatal, pode-se preferir um estado no qual os cidadãos são prósperos mesmo que o tesouro público seja pobre, no qual o governo não seja nem centralizado e nem onipotente, e nem, talvez, realmente soberano, mas cujos cidadãos gozem uma larga medida de liberdade individual; será possível contrastá-lo

[99] "[...] *una repúbblica e um popolo si governa altrimenti che um privato*", *Legazioni all'imperatore*, citado por L. Burd, *op. cit.* (nota 20), p. 298, nota 17.

[100] *Discursos*, II, 2. Isso ecoa o "aliae sunt regis virtutes aliae privatorum", de Francesco Patrizzi em *De regno e regis institutione*, citado por Feliz Gilbert em "The humanist concept of the prince and *The Prince* of Maquiavelli", *Journal of Modern History* II (1939), pp. 449-83; 464, nota 34.

favoravelmente com as grandes e autoritárias concentrações de poder erigidas por Alexandre ou Frederico o Grande ou Napoleão, ou os grandes autocratas do século XX.

Em tais casos, o que se faz é simplesmente contradizer a tese de Maquiavel: ele não encontra mérito em tecidos políticos assim soltos. Eles não podem durar. Os homens não podem sobreviver por muito tempo em tais condições. Ele está convencido de que os estados que perderam seu apetite pelo poder estão fadados à decadência e têm toda probabilidade de serem destruídos por seus vizinhos mais vigorosos e bem-armados; e Vico, assim como os pensadores modernos "realistas", têm ecoado tais convicções.

Maquiavel é possuído por uma visão clara, intensa e estreita de uma sociedade na qual os talentos humanos podem ser levados a contribuir para um todo poderoso e esplêndido. Ele prefere o governo republicano no qual os interesses do governante não entram em conflito com os dos governados. Porém (como percebeu Macaulay) ele prefere um principado bem-governado a uma república decadente: e as qualidades que admira e julga capazes de serem unificadas — sendo-lhe na verdade indispensáveis — em uma sociedade duradoura, não são diferentes em *O príncipe* e nos *Discursos*: energia, ousadia, capacitações práticas, imaginação, vitalidade, autodisciplina, perspicácia, espírito público, boa *fortuna, antiqua virtus, virtù* — firmeza na adversidade, força de caráter, tais como são celebradas em Xenofonte e Lívio. Todas as suas máximas mais chocantes — as responsáveis pelo "Maquiavel assassino" do palco elizabetano — são descrições de métodos de se concretizar um único objetivo: a visão humanista e periódica que o domina.

Permitam-me citar uma dúzia de seus trechos de conselhos aos príncipes mais notoriamente maus. O príncipe deve empregar o terrorismo ou a bondade, segundo o caso determine. A severidade de modo geral é mais eficaz, porém a humanidade, em algumas situações, produz melhores frutos. Ele pode provocar temor porém não ódio, pois o ódio acabará por destruí-lo. É melhor manter os homens pobres e em permanente pé de guerra, pois isso servirá de antídoto aos maiores inimigos da obediência ativa — a ambição e o tédio —, e os governados se sentirão assim sempre necessitados de grandes homens que os guiem (o século XX nos oferece um excesso de provas dessa aguda observação). A concorrência — a divisão entre as classes — em uma sociedade é desejável, pois gera energia e ambição no grau adequado.

A religião deve ser incentivada, mesmo que seja falsa, desde que seja da espécie que preserva a solidariedade social e valoriza virtudes viris, o que o cristianismo historicamente deixou de fazer. Quando for conceder benefícios (diz ele, seguindo Aristóteles), faça-o pessoalmente; mas, se houver trabalho sujo a ser realizado, deixe que outros o façam, pois então eles, e não o príncipe, serão responsabilizados, e o príncipe poderá ganhar prestígio ao cortar-lhes devidamente as cabeças; pois os homens preferem a vingança e a segurança à liberdade. Faça o que tiver de fazer, em qualquer caso, mas procure fazê-lo parecer um favor especial seu ao povo. Se tiver a necessidade de cometer um crime, não o anuncie com antecedência, já que de outro modo seus inimigos o poderão destruir antes que possa destruí-los. Se a sua ação tiver de ser drástica, execute-a de um só golpe, não em etapas dolorosas. O príncipe não deve procurar cercar-se de servidores excessivamente poderosos — é sempre melhor ficar livre de generais vitoriosos, pois de outro modo eles é que poderão se livrar dele.

O príncipe deve ser violento e usar seu poder para impressionar, mas não deve quebrar suas próprias leis, pois isso faz com que perca a confiança, e se desintegre o tecido social. Os homens devem ser ou acariciados ou aniquilados; o apaziguamento e a brutalidade são sempre fatais. Planos excelentes sem armas não bastam, pois de outro modo Florença ainda seria uma república. Os governantes têm de viver na contínua expectativa da guerra. O sucesso cria mais devotamento do que a amabilidade; lembre-se do destino de Pertinax, Savonarola, Soderini. Severo era inescrupuloso e cruel, Fernando da Espanha é traidor e matreiro: porém, por exercerem as artes tanto do leão quanto da raposa, eles escaparam tanto de armadilhas quando dos lobos. Os homens lhe serão falsos a não ser que sejam compelidos pelo governante a serem verdadeiros, por meio da criação de circunstâncias nas quais as mentiras não compensem. E assim por diante.

A Madona com o menino (cerca de 1501)

Tais exemplos são típicos do "parceiro do diabo". Vez por outra certas dúvidas acometem nosso autor: ele se indaga se um homem de mentalidade suficientemente qualificada para lutar pela criação de um estado admirável, segundo os critérios romanos, será rijo o bastante para usar os meios violentos e maus que ele prescreve; e, por outro lado, se um homem suficientemente impiedoso e brutal será desinteressado o bastante para propiciar o bem público, que é a única coisa que pode justificar o uso de meios maus. No entanto, Moisés e Teseu, Rômulo e Ciro combinaram tais atributos[101]. O que aconteceu uma vez pode acontecer de novo: a implicação é otimista.

Todas essas máximas têm uma propriedade em comum: são concebidas para criar ou ressurgir ou manter uma ordem que irá satisfazer o que o autor concebe com os interesses mais permanentes do homem. Os valores de Maquiavel podem ser errados, perigosos e odiosos; porém ele está falando sério. Ele não é cínico. O fim é sempre o mesmo: um estado concebido segundo a analogia da Atenas de Péricles, ou Esparta, mas principalmente a República Romana. Tal fim, pelo qual os homens naturalmente anseiam (disso ele julga que a história e a observação fornecem provas conclusivas), "justifica" quaisquer meios; ao se julgarem os meios, só se deve olhar para os fins: se o estado soçobrar, tudo está perdido. Vem daí o famoso parágrafo no quadragésimo primeiro capítulo do terceiro livro dos *Discursos*, onde diz ele que "quando é absolutamente uma questão da salvação do país de cada um, não pode haver considerações quanto ao justo ou o injusto, o misericordioso ou o cruel, o louvável ou o vergonhoso; em vez disso, deixando de lado qualquer escrúpulo, é preciso que seja seguido até o fim qualquer plano que lhe salve a vida e lhe mantenha a liberdade". Os franceses raciocinaram assim; e a "majestade de seu rei e o poder de seu reino" vêm daí. Rômulo não poderia ter fundado Roma sem matar Remo. Brutus não poderia ter preservado a República se não tivesse matado seus filhos, Moisés e Teseu, Rômulo, Ciro e os libertadores de Atenas tiveram de destruir a fim de construir. Tal conduta, longe de ser condenada, é os-

[101] Hugh Trevor-Roper chamou a minha atenção para a ironia do fato de os heróis desse realista supremo serem todos, total ou parcialmente, míticos.

tentada para a admiração pelos historiadores clássicos. Maquiavel é seu admirador e porta-voz.

O que há, então, em suas palavras, seu tom, que venha causando tais tremores entre seus leitores? Na verdade, não durante a sua vida — a reação foi retardada por cerca de um quarto de século, porém depois disso transformou-se em um constante e crescente horror. Fichte, Hegel, Treitschke "reinterpretaram" suas doutrinas e as assimilaram a suas próprias visões. Mas nem por isso a sensação de horror chegou a ser palpavelmente mitigada. É evidente que o efeito do choque que ele provocou não foi temporário: vem perdurando até nossos próprios dias.

Deixando de lado o problema histórico de por qual razão houve uma crítica contemporânea imediata, consideremos a continuada perturbação causada em seus leitores durante os quatro séculos que se passaram desde que *O príncipe* foi colocado no *Index*. A grande originalidade e as trágicas implicações das teses de Maquiavel parecem-me residir em sua relação com uma civilização cristã. Não havia nada de mal em se viver à luz dos ideais pagãos nos tempos do paganismo; mas pregar o paganismo mais de mil anos depois do triunfo do cristianismo era fazê-lo após a perda da inocência — e forçar os homens a fazer uma opção consciente. A escolha é dolorosa porque tem de ser feita entre dois mundos inteiros. Os homens têm vivido em ambos, e lutado e morrido para preservá-los, um contra o outro. Maquiavel optou por um deles, e está pronto até mesmo até mesmo a cometer crime pelo de sua escolha.

Ao matar, enganar, trair, os príncipes e republicanos de Maquiavel estão fazendo coisas más, não-aprováveis em termos de uma moralidade comum. O grande mérito de Maquiavel é o de ele não o negar[102]. Marsílio, Hobbes, Spinoza e, a seu modo, Hegel

[102] Isso é reconhecido por Jacques Maritain (ver sua *Moral Philosophy*, Londres, 1964), ao admitir que Maquiavel "jamais chamou o mal de bem e nem o bem de mal". A *Machtpolitik* fica exposta tal como é: o partido com os batalhões maiores; isso não significa que o Senhor esteja do seu lado: nada de *Dei gesta per Francos*.

e Marx, tentaram negá-lo. E o mesmo fizeram muitos defensores da *raison d'état,* imperialista ou populista, católica ou protestante. Tais pensadores argumentam em favor de um único sistema moral: e buscam mostrar que a moralidade que justifica (ou em verdade exige) tais atos, é uma continuação, com forma mais racional, das confusas crenças éticas da moralidade sem instrução que os proíbe de forma absoluta.

Do ponto de vista dos grandes objetivos sociais em nome dos quais tais atos (pecaminosos à primeira vista) têm de ser executados, eles serão vistos (assim prossegue a argumentação) não mais como pecaminosos, mas como racionais, exigidos pela própria natureza das coisas, pelo bem comum, ou pelos verdadeiros objetivos finais dos homens, ou pela dialética da história, condenados apenas pelos que não podem ou não querem ver um segmento suficientemente grande do desenho lógico, ou teológico, ou metafísico, ou histórico; maljulgados, denunciados apenas pelos espiritualmente cegos ou míopes. No pior dos casos, tais "crimes" são discórdias exigidas pela harmonia maior e, portanto, não mais discordantes para aqueles que ouvem tal harmonia.

Maquiavel não defende nenhuma teoria assim abstrata. Nem sequer lhe ocorre empregar tal casuísmo. Ele é transparentemente honesto e claro. Ao escolher a vida de estadista, ou até mesmo a vida de um cidadão com senso cívico suficiente para querer que seu estado seja o mais bem-sucedido e o mais esplêndido possível, ele se compromete com a rejeição do comportamento cristão[103]. Pode ser que os cristãos estejam certos quanto ao bem-estar da alma individual, tomada fora do contexto social ou político. Mas

[103] Ao risco de exaurir a paciência do leitor, devo repetir que esse não é um conflito entre a ciência de governar pagã e a moral cristã, mas de moral pagã (indissociavelmente ligada à vida social e inconcebível sem esta) com a ética cristã, moral que, sejam quais forem suas implicações políticas, pode ser enunciada independentemente desta, o que já os éticos de Aristóteles e Hegel não podem.

o bem-estar do estado não é o mesmo que o bem-estar do indivíduo — eles "são governados de modo diverso". O indivíduo fez a sua escolha: os únicos crimes serão a fraqueza, a covardia, a estupidez, que poderão fazê-lo recuar e fracassar.

Fazer concessões à moralidade corrente conduz a um trabalho malfeito, o que é sempre desprezível, e que, praticado por estadistas, leva os homens à ruína. O fim "absolve" os meios, por piores que estes possam ser em termos até mesmo de ética pagã, desde que ele seja (em termos dos ideais de Tucídides ou Políbio, Cícero ou Lívio) suficientemente elevado. Brutus estava certo em matar seus filhos: ele salvou Roma. Soderini não teve garra suficiente para perpetrar tais atos e arruinou Florença. Savonarola, cujas idéias sobre austeridade, força moral e corrupção eram sólidas, pereceu porque não chegou a compreender que um profeta sem armas sempre acaba na forca.

Se for possível produzir os resultados certos por meio do uso da devoção e da afeição dos homens, é evidente que isso deva ser feito. Não há valor em se causar o sofrimento pelo sofrimento. Porém, se não for possível, então Moisés, Rômulo, Teseu, Ciro são os exemplos a serem seguidos, e o medo terá de ser empregado. Não há qualquer satanismo sinistro em Maquiavel, nada do grande pecador de Dostoievsky, que busca o mal pelo mal. À famosa indagação de Dostoievsky ("Tudo é permitido?"), Maquiavel — que para Dostoievsky seria com certeza um ateu — responde: "Sim, se o fim — ou seja, a busca dos interesses básicos de uma sociedade em uma situação específica — não puder ser alcançado de nenhum outro modo".

Essa posição não vem sendo corretamente compreendida por alguns daqueles que afirmam não serem antipáticos a Maquiavel. Figgis, por exemplo, acredita[104] que ele suspendeu permanen-

[104] *Op. cit.* (nota 61), p. 76.

temente "os mandatos de *habeas corpus* de toda a raça humana", ou seja, que ele advogava métodos de terrorismo porque para ele a situação era sempre crítica, sempre desesperada, de modo que confundia princípios políticos rotineiros com regras necessárias apenas nos casos mais extremos.

Outros — talvez a maioria daqueles que o interpretam — vêem-no como o criador ou pelo menos um defensor do que mais tarde veio a ser chamado "*raison d'état*", "*Staatsräson*", "*ragion di stato*", a justificação de atos imorais quando empreendidos em benefício do estado, em circunstâncias excepcionais. Mais de um estudioso já apontou, de forma bastante razoável, que a noção de que casos desesperados requerem remédios desesperados — que "a necessidade não conhece lei" — é encontrada não só na Antigüidade mas também em Aquino e Dante e outros medievais muito anteriores a Bellarmino ou Maquiavel.

Tais paralelos me parecem repousar em uma compreensão enganada, ainda que profunda, da tese de Maquiavel. Ele não diz que enquanto a situação está normal a moralidade dominante — ou seja, o código de ética cristão ou semicristão — deva prevalecer, e que quando condições anormais surgem, sob as quais fica em perigo toda a estrutura social, ações normalmente consideradas como más e corretamente proibidas — sob aquele código — ficam justificadas.

Tal é a posição de, entre outros, os que julgam que toda moralidade repousa, em última análise, na existência de determinadas instituições — digamos, os católicos romanos, que consideram a existência da Igreja e do papado como indispensáveis ao cristianismo, ou os nacionalistas, que vêem no poder político da nação a única fonte de vida espiritual. Tais indivíduos sustentam que as medidas extremas e "apavorantes" necessárias à proteção do estado ou da Igreja ou da cultura nacional em momentos de crise aguda podem ser justificadas, já que a ruína de tais instituições pode ferir de forma fatal a estrutura indispensável de todos os outros valores. Essa é uma doutrina em cujos termos tanto católicos quanto protestantes, tanto conservadores quando comunistas, têm defendido anomalias que deixam gelado o sangue do homem comum.

Porém essa não é a posição de Maquiavel. Para os defensores da *raison d'état*, a única justificativa de tais métodos é o fato de serem eles excepcionais — de serem necessários para preservar um sistema cujo objetivo é precisamente excluir a necessidade de tais medidas odiosas, de modo que a única justificativa para tais métodos é a de que eles darão fim às situações que os tornaram necessários. Mas para Maquiavel tais medidas são, em certo sentido, perfeitamente normais em si mesmas. Não há dúvida de que serão requisitadas apenas por necessidades extremas; mas a vida política tende a gerar um bom número de tais necessidades "extremas", em maior ou menor grau; donde Baglioni, que refugava diante das conseqüências lógicas de suas próprias políticas, era claramente um governante incapaz.

O conceito de *raison d'état* implica um conflito de valores que pode ser uma agonia para homens moralmente bons e sensíveis. Para Maquiavel esse conflito não existe. A vida pública tem sua própria moralidade, para a qual os princípios cristãos (ou quaisquer outros valores pessoais absolutos) tendem a constituir um obstáculo. Essa vida tem seus próprios critérios: ela não exige um terror perpétuo, mas aprova, ou pelo menos permite, o uso da força onde ela for necessária para os objetivos da sociedade política.

Sheldon Wolin[105] parece-me certo em insistir que Maquiavel crê em uma "economia da violência" — a necessidade de uma reserva de força consistente sempre ao fundo, para manter as coisas caminhando de tal modo que as virtudes admiradas por ele e

[105] Sheldon S. Wolin, *Politics and vision* (London, 1960), pp. 220-4.

Detalhe da Capela Sistina (Vaticano): bandôs dedicados a Azor e a Sadoch

pelos pensadores clássicos aos quais ele recorre possam ficar protegidas e tenham possibilidade de florescer. Os homens criados em uma comunidade onde tal força, ou sua possibilidade, for usada corretamente, viverão as felizes vidas de gregos e romanos em seus melhores momentos. Eles serão caracterizados por vitalidade, gênio, variedade, orgulho, poder, sucesso (Maquiavel raramente fala das artes ou das ciências); porém ela não será, em qualquer sentido do termo, uma comunidade cristã. O conflito moral que tal situação levanta só há de preocupar os que não estiverem prontos para abandonar qualquer um dos dois caminhos, aqueles que supõem que as duas vidas incompatíveis sejam de fato conciliáveis.

Mas para Maquiavel os reclamos da moralidade oficial mal valem qualquer discussão: eles não são traduzíveis para uma verdadeira prática social ("Se todos os homens fossem bons [...]"), mas ele tem a certeza de que os homens nunca poderão ser aprimorados para além do ponto em que qualquer preocupação com poder se torne relevante. Se a moral é relacionada à conduta humana, e se os homens são por natureza sociais, a moralidade cristã não pode ser guia para uma existência social normal. Faltava que alguém o afirmasse. Maquiavel assim o fez.

É necessário optar — e, ao escolher determinada forma de vida, abrir mão da outra. Esse é o ponto crucial. Se Maquiavel estiver certo, se for em princípio (ou de fato: a fronteira entre uma coisa e outra é tênue) impossível ser moralmente bom e cada um cumprir seu dever tal como este é concebido pela ética européia comum e principalmente a cristã, e ao mesmo tempo construir Esparta ou a Atenas de Péricles ou a Roma da república, ou até mesmo a dos Antoninos, então segue-se uma conclusão da maior importância: que a crença de que a solução é objetivamente válida, da questão de como os homens devem viver suas vidas possa em princípio ser descoberta não é, em tese, verdadeira em si mesma. Essa era verdadeiramente uma proposição *erschreckend*[106]. Deixem-me situá-la em seu contexto adequado.

Um dos mais profundos pressupostos do pensamento político ocidental é a doutrina, dificilmente questionada durante seu longo período de preponderância, de que existe algum princípio único que não só regula o curso do Sol e das [outras] estrelas, mas prescreve seu comportamento correto a todas as criaturas animadas. Animais e seres sub-racionais de toda espécie seguem-na por instinto; seres mais altos atingem a conscientização dele, e têm liberdade para abandoná-lo, mas apenas para sua perdição. Tal doutrina, em uma ou outra versão, vem dominando a Europa desde Platão; ela já apareceu sob várias formas, e gerou muitos paralelos e alegorias; em seu centro está a visão de uma Natureza, Razão ou objetivo cósmico impessoal, ou a de um Criador divino cujo poder dotou todas as coisas e criaturas com uma função específica; tais funções

106 "assustadora".

são elementos componentes de um único todo harmônico, e são inteligíveis exclusivamente nos termos desse.

Tudo isso foi muitas vezes expressado em imagens tomadas pela arquitetura: a de um grande edifício do qual cada parte é a única a se adaptar perfeitamente à estrutura total; ou do corpo humano como um todo orgânico de abrangência total; ou da vida da sociedade como uma grande hierarquia, com Deus como o *ens realissimus* ao alto de dois sistemas paralelos — a ordem feudal e a ordem natural — que se estende, para baixo, desde Ele, ou buscando subir na direção d'Ele, e obedecendo à Sua vontade. Ou é visto como o Grande Encadeamento dos Seres, a analogia platônico-cristã da árvore da vida Ygdrasil, que liga tempo e espaço e tudo que estes contém. Ou tem sido também representada por uma analogia tirada à música, como uma orquestra na qual cada instrumento ou grupo de instrumentos tem sua própria melodia a tocar em uma partitura de riqueza polifônica infinitamente rica. Quando, depois do século XVII, as metáforas harmônicas substituíram as imagens polifônicas, os instrumentos não eram mais concebidos como tocando melodias específicas mas como emitindo sons que, embora não pudessem ser totalmente inteligíveis para qualquer dado grupo de executantes (e pudessem até mesmo produzir sons discordantes ou supérfluos se tomados isoladamente), mesmo assim contribuem para um desenho total perceptível, quando visto a partir de um ponto de vista mais elevado.

A idéia do mundo e da sociedade humana como uma estrutura una e inteligível está na raiz de todas as muitas e variadas versões da lei natural — as harmonias matemáticas de Pitágoras, os degraus lógicos das formas platônicas, o desenho geneticológico de Aristóteles, o *Logos* divino dos estóicos e das igrejas cristãs com seus ramos leigos. O avanço das ciências naturais gerou novas concepções empíricas dessa imagem, bem como símiles antropomórficos: da Senhora Natureza como a ajustadora de tendências conflitantes (como em Hume ou Adam Smith), da Natureza Mestra como ensinante do melhor caminho para a felicidade (como na obra dos enciclopedistas franceses), da Natureza como concretizada nos costumes ou hábitos concretos de conjuntos sociais organizados; símiles biológicos, estéticos, psicológicos vêm refletindo as idéias dominantes das épocas.

Esse molde monístico unificador está no âmago do racionalismo tradicional, religioso e ateu, metafísico e científico, transcendental e naturalista que vem caracterizando a civilização ocidental. É essa pedra, sobre a qual crenças e vidas vinham sendo fundadas, que Maquiavel parece, na verdade, ter deixado partida. Uma inversão de tal modo radical não pode, é claro, ser devida aos atos de um único indivíduo. Ela dificilmente poderia ter tido lugar em uma ordem social estável e moral; muito além dele, os antigos céticos, os nominalistas e secularistas medievais, os humanistas da Renascença, sem dúvida contribuíram com sua parcela da dinamite. O objetivo deste ensaio é sugerir que foi Maquiavel quem acendeu o pavio fatal.

Se indagar quais sejam os objetivos finais da vida é fazer uma pergunta real, esta deve ser capaz de ser respondida corretamente. Reclamar por racionalidade em questões de conduta era proclamar que soluções corretas e finais para tais indagações podem, em princípio, ser encontradas.

Quando tais questões eram debatidas em épocas mais antigas, era normal pressupor que a sociedade perfeita poderia ser concebida, ao menos em seu contorno; pois de outro modo quais gabaritos poderiam ser usados para condenar como imperfeitos os esquemas existentes? Poderia não ser realizável aqui, na terra. Os homens eram por demais ignorantes ou fracos ou viciosos para criá-la. Ou dizia-se (como faziam alguns pensadores materialistas nos séculos que se seguiram a *O príncipe*) que o que havia era falta de meios técnicos, que ninguém ainda havia descoberto métodos para se superarem os obstáculos materiais no caminho da idade de ouro; que ainda não nos havíamos desenvolvido o suficiente em tecnologia, educação ou moral. Porém nunca ninguém tinha dito que houvesse qualquer coisa de incoerente na idéia em si mesma.

Platão e os estóicos, os profetas hebreus, os pensadores cristãos medievais e os redatores de utopias a partir de More haviam tido visões daquilo aquém do que os homens sempre ficavam; eles afirmavam, por assim dizer, serem capazes de medir o abismo entre a realidade e o ideal. Mas, se Maquiavel tiver razão, essa tradição — a corrente central do pensamento ocidental — é uma falácia. Pois se a posição dele for válida, então é impossível construir sequer a idéia de uma tal sociedade perfeita, já que existem pelo menos dois conjuntos de virtudes — as cristãs e as pagãs — que são incompatíveis, não só na prática, mas em princípio.

Se os homens praticarem a humildade cristã, não podem ao mesmo tempo serem inspirados pelas candentes ambições dos grandes fundadores clássicos de culturas e religiões; se seus olhares estiverem concentrados no mundo do além — se suas idéias estiverem contaminadas até mesmo por um simples compromisso com essa virtude —, não é provável que eles possam dar tudo de si na tentativa da criação da cidade perfeita. Se o sofrimento e o sacrifício não forem sempre maus nem necessidades ineluctáveis, mas possam ser de valor supremo em si mesmos, então as gloriosas vitórias sobre a fortuna que vão para os ousados, os impetuosos e os jovens não poderiam ser ganhas ou sequer consideradas como valendo a pena ganhar. Se os bens espirituais são os únicos pelos quais valha a pena lutar, então de que valerá o estudo da necessidade — das leis que governam a natureza e as vidas humanas — por cuja manipulação os homens poderiam realizar feitos inauditos nas artes e nas ciências e na organização das vidas sociais?

Abandonar a busca de objetivos seculares pode levar à desintegração e a um novo barbarismo; mas, mesmo que assim seja, seria isso o pior que poderia acontecer? Sejam quais forem as diferenças entre Platão e Aristóteles, ou entre qualquer um desses dois pensadores e os sofistas ou os epicuristas, ou qualquer outra das escolas gregas do século IV ou outros mais tardios, eles e seus discípulos, os nacionalistas e empiristas da Idade Moderna, concordavam em que o estudo da realidade por mentes não-iludidas por aparências revela os objetivos corretos a serem buscados pelo homem — tudo o que o fará livre e feliz, forte e racional.

Pensavam alguns que existia um único objetivo para todos os homens em todas as circunstâncias, ou objetivos diferentes para homens de espécies diferentes ou em circunstâncias históricas diferentes. Os objetivistas e universalistas foram opostos pelos relativistas, os metafísicos pelos empiristas, os teístas pelos ateístas. Havia um profundo desacordo sobre princípios morais; porém o que nenhum desses pensadores, nem sequer mesmo os céticos, chegou a sugerir, é que pudessem haver objetivos — objetivos por si mesmos, em termos dos quais tudo o mais ficaria justificado — que fossem igualmente últimos mas incompatíveis um com o outro — que pudesse não existir um único critério universalmente abrangente que permitisse ao homem optar racionalmente entre eles.

Essa foi em verdade uma conclusão profundamente perturbadora. Ela subentendia que se os homens quisessem viver e agir de forma consistente, e compreender os objetivos que perseguiam, eles seriam obrigados a examinar seus valores morais. O que aconteceria se descobrissem que seriam obrigados a fazer uma opção entre dois sistemas incomensuráveis, a escolher, e fazê-lo, sem a ajuda de um gabarito infalível que autenticasse uma forma de vida como sendo superior a todas as outras, e pudesse ser usado para demonstrá-lo de modo a satisfazer todos os homens racionais? Teria sido, talvez, essa apavorante verdade, implícita na exposição de Maquiavel, que perturbou a conscientização moral dos homens, e vem assombrando suas mentes de forma tão permanente e obsessiva desde então?

Maquiavel não a propôs, pessoalmente. Para ele não existe nem problema e nem agonia; ele não apresenta o menor traço de ceticismo ou relativismo; ele escolheu o seu lado, e pouco se interessou pelos valores que sua escolha ignorava ou desprezava. O conflito entre sua escala de valores e a da moralidade convencional não parece (que me perdoem Croce e os outros defensores da interpretação do "humanista angustiado") preocupar o próprio Maquiavel. Ela só perturbou aqueles que vieram depois dele, e não estavam preparados, por um lado, para abandonar seus próprios valores morais (cristãos ou humanistas) junto com todo o modo de pensar e agir dos quais esses eram parte; e nem, por outro lado, para negar a validade de, pelo menos, muito da análise dos fatos políticos feita por Maquiavel e dos valores e postura (em grande parte pagãos) que acompanham esses, corporificados na estrutura social que ele pintou de forma tão brilhante e convincente.

Cada vez que um pensador, por mais distante que seja de nós em tempo ou cultura, ainda provoca paixão, entusiasmo ou indignação, ou qualquer espécie de debate intenso, de modo geral o que aconteceu é o ter ele proposto alguma tese que abale alguma *idée reçue* profundamente arraigada, alguma tese à qual aqueles que desejam permanecer agarrados às velhas convicções, mesmo assim, acham difícil ignorar ou refutar. É o caso de Platão, Rousseau, Marx.

Gostaria de sugerir que é a justaposição dos dois pontos de vista — dos dois mundos moralmente incompatíveis, por assim dizer — na mente de seus leitores, e a colisão e agudo desconforto moral que daí resultam, que tem, ao longo dos anos, sido responsável pelos esforços desesperados para se encontrarem meios de fazer suas doutrinas desaparecerem graças à interpretação, para apresentar Maquiavel como um cínico e, portanto, em última análise, como um defensor da política de poder, ou como um satanista; ou como um patriota que oferece receitas para situações particularmente desesperadas que raramente ocorram; ou como mero oportunista; ou um amargurado fracasso político; ou um satirista cripto-republicano (descendente de Juvenal, ancestral de Orwell); ou como um cientista frio, mero tecnológico político livre de implicações morais; ou como um típico publicista da Renascença exercendo um gênero hoje obsoleto; ou em qualquer dos inúmeros outros papéis para os quais ele já foi e continua a ser indicado.

É possível que Maquiavel tenha tido pelo menos alguns desses atributos, mas alguém se concentrar em qualquer deles como se esse pudesse constituir seu caráter "verdadeiro", essencial, parece-me nascer de uma relutância em encarar, ainda mais debater, a desconfortável verdade que Maquiavel trouxe à luz não-intencionalmente, quase que por acaso; a saber, que nem todos os valores últimos são necessariamente compatíveis uns com os outros — que poderia haver um obstáculo conceitual (o que se costumava chamar "filosófico"), e não meramente material, ante a noção da solução única última que, se realizada, estabeleceria a sociedade perfeita.

III

No entanto, se uma tal solução não puder, sequer em princípio, ser formulada, então por isso ficam transformados todos os problemas políticos e até mesmo os morais. Não se trata de estabelecer uma separação entre a política e a ética. Trata-se da descoberta da possibilidade de mais de um sistema de valores, sem qualquer critério comum a tais sistemas graças ao qual uma escolha racional possa ser feita entre eles. Não se trata da rejeição do cristianismo em favor do paganismo (embora Maquiavel prefira claramente este último), nem a do paganismo pelo cristianismo (que, ao menos em sua forma histórica, ele julgava incompatível com as necessidades básicas dos homens normais), mas sim de os colocar lado a lado, com o convite implícito aos homens para que escolham entre uma vida boa, virtuosa e privada, ou uma boa e bem-sucedida existência social, mas não a ambas.

Tondo Doni, (1503-1504, Michelangelo)

O que foi demonstrado por Maquiavel, que muitas vezes, como Nietzsche, é louvado por arrancar máscaras hipócritas, relevando brutalmente a verdade, e assim por diante, não é que os homens professem uma coisa e façam outra (embora sem dúvida ele o faça também), mas que quando eles pressupõem que os dois ideais sejam compatíveis, ou talvez até que sejam um e o mesmo ideal, e não permitem que tal pressuposto seja questionado, eles são culpados de má fé (como a chamam os existencialistas, ou de "falsa conscientização", para usar uma fórmula marxista), que seu efetivo comportamento deixa exposta. Maquiavel, por assim dizer, desmascara o blefe não só da moralidade oficial — as hipocrisias da vida cotidiana — mas também de uma das bases da tradição filosófica central do Ocidente, a crença na compatibilidade última de todos os valores genuínos. Ele não se envergonha de sua conclusão. Ele fez sua escolha. E parece não sentir a menor preocupação com sua tomada de um caminho separado da moralidade ocidental tradicional, e na verdade parece sequer estar consciente do fato.

Mas a questão que seus escritos dramatizaram, se não para ele, ao menos para outros nos séculos que se seguiram, é a seguinte: que razão temos nós para supor que a justiça e a misericórdia, a humildade e a *virtù*, a felicidade e o conhecimento, a glória e a liberdade, a magnificência e a santidade sempre haveriam de coincidir, ou na verdade serem sequer compatíveis? A justiça poética é assim chamada não por ocorrer, via de regra, mas por não ocorrer na vida diária, onde, *ex hypothesi*, uma justiça muito diferente é a que opera: "um estado e um povo são governados de forma muito diversa do que o é um indivíduo". Donde o que se pode dizer de direitos indestrutíveis, seja no sentido medieval, seja no liberal? O sábio tem de eliminar fantasias de sua própria cabeça, e buscar afastá-las das cabeças dos outros; ou, se esses forem por demais resistentes, ele deveria pelo menos, como recomendaram Pareto ou o Grande Inquisidor, de Dostoievski, explorá-los como meios para uma sociedade viável.

"A marcha da história do mundo fica fora da virtude, do vício e da justiça", disse Hegel. Se substituirmos "marcha da história" por "uma pátria bem-governada", e interpretarmos a noção de Hegel de virtude do modo como ela é compreendida pelos cristãos e os homens comuns, então Maquiavel é um dos primeiríssimos proponentes de tal doutrina. Como todos os grandes inovadores, ele não deixa de ter ancestrais. Mas os nomes de Palmieri e Pontano, ou até mesmo de Carneades e Sextus Empiricus, deixaram marcas muito leves no pensamento europeu.

Insistiu Croce, muito acertadamente, que Maquiavel não é indiferente, cínico ou irresponsável. Seu patriotismo, seu republicanismo, seu comprometimento não podem ser postos em dúvida. Ele sofreu por suas convicções. Ele pensava continuamente em Florença e na Itália, e em como salvá-las. E no entanto não foram seu caráter, suas peças, sua poesia, suas histórias, suas atividades diplomáticas ou políticas que lhe conferiam sua fama personalíssima[107].

E nem pode isso ser devido apenas à sua imaginação psicológica ou sociológica. Ele mal parece dar margem à mínima possibilidade de um altruísmo sustentado e autêntico; ele se recusa a consi-

[107] A moral de sua melhor comédia, *A Mandrágora*, parece-me próxima de seus tratados políticos: a de que as doutrinas éticas professadas pelos personagens divergem totalmente daquilo que fazem para atingir seus objetivos: virtualmente todos, no fim, obtêm o que queriam; se Calímaco resistisse à tentação, ou se a dama que seduz viesse a ter remorsos, ou Fra Timóteo tentado pôr em prática as máximas do país e dos doutores da Igreja com as quais rega generosamente suas falas, isso não teria ocorrido. Mas tudo acaba bem, embora não do ponto de vista da moralidade aceita. Se a peça castiga a hipocrisia e a estupidez, a visão que determina não é a da virtude mas do mais descarado hedonismo. A idéia de Calímaco ser uma espécie de príncipe na vida privada, bem-sucedido em criar e manter seu próprio mundo graças ao uso correto do ardil e da fraude, o exercício da *virtù*, e um ousado desafio à *fortuna*, e assim por diante, parece plausível. Para encontrar mais sobre o tema, ver Henry Paolucci. *Introduction to Mandragola* (New York, 1957).

derar os motivos dos homens que estejam preparados para lutar contra probabilidades contrárias imensas, que ignoram a *necessità* e estão prontos a dar suas vidas por uma causa sem esperanças.

Sua desconfiança diante de atitudes irrealistas, de princípios absolutos dissociados da observação empírica, tem força de fanatismo — é quase romântica em sua violência; a visão de um grande príncipe brincando com seres humanos como se estes fossem instrumentos o intoxica. Ele pressupõe que as várias sociedades têm de estar sempre em guerra umas com as outras, já que têm objetivos diferentes. Ele vê a história como um processo sem fim de concorrência mortal, no qual o único objetivo que os homens racionais podem ter é o de serem bem-sucedidos aos olhos de seus contemporâneos e da posteridade. Ele é muito bom ao trazer fantasias de volta à terra, porém supõe, como Mill reclamaria em relação a Bentham, que isso fosse o bastante. Ele deixa margem muito pequena para os impulsos idealistas dos homens. Ele não tem nenhum sentido de história e muito pouco sentido de economia. E não tem a menor intuição do progresso tecnológico que está a ponto de transformar a vida política e social, e em particular a arte da guerra. Não compreende como os indivíduos, as comunidades ou as culturas se desenvolvem e se transformam. Como Hobbes, ele supõe que o argumento ou motivação da autopreservação tem automaticamente mais peso do que todos os outros.

Ele diz aos homens, acima de tudo, que não sejam tolos: seguir algum princípio que acarreta sua ruína é absurdo, pelo menos se julgado pelos critérios do mundo; outros critérios ele menciona com respeito, porém não se interessa por eles: aqueles que os adotam não têm probabilidade de criar qualquer coisa que perpetue seu nome. Seus romanos não são figuras mais reais do que as figuras estilizadas de suas brilhantes comédias. Seus seres humanos têm tão pouca vida interior ou capacidade para cooperação ou solidariedade social que, como no caso das criaturas não muito diferentes de Hobbes, é difícil perceber como eles poderiam desenvolver confiança recíproca suficiente para criar um todo social durável, mesmo à eterna sombra de uma violência cuidadosamente regulada.

Poucos negariam que os escritos de Maquiavel, mais particularmente *O príncipe*, tenham escandalizado a humanidade mais profunda ou continuamente do que qualquer outro tratado político. A razão para isso, permitam-me repetir, não é a descoberta de a política ser um jogo de poder — de as relações políticas entre e dentro de comunidades independentes envolverem o uso da força e da fraude e não terem qualquer relação com os princípios proclamados por aqueles que o jogam. Esse conhecimento é tão velho quanto o pensamento consciente sobre a política — por certo tão velho quando Tucídides e Platão. Nem é o fato causado apenas pelos exemplos de sucesso que ele oferece na conquista e retenção do poder — as descrições do massacre na Sinigália ou o comportamento de Agátocles ou Liverotto de Fermo não são nem mais e nem menos horripilantes do que histórias semelhantes em Tácito ou Guicciardini. A idéia de que o crime pode compensar não tem nada de novo na historiografia ocidental.

Nem tampouco é sua mera recomendação de medidas implacáveis que de tal modo perturba seus leitores: Aristóteles há muito tempo havia reconhecido que situações excepcionais poderiam aparecer, que princípios e regras poderiam ser rigidamente aplicados a todas as situações e os conselhos aos governantes na *Política* são bastante rigorosos; Cícero tem consciência de que situações críticas exigem medidas excepcionais — *ratio publicae utilitatis, ratio status,* eram todos familiares ao pensamento da Idade Média. "A necessidade não conhece leis" é um sentimento tomista: Pierre d'Auvergne diz mais ou menos a mesma coisa. Harrington o disse no século seguinte, e Hume o aplaudiu.

Tais opiniões não eram consideradas originais por nenhum desses ou talvez mesmo por quaisquer outros pensadores. Maquiavel não originou, nem fez ele muito uso da noção de *raison d'état*. Ele ressaltava a vontade, a ousadia, a capacidade de comunicação, a expensas das regras lançadas pela calma *ragione*, à qual seus colegas nas *Pratiche fiorentine*, e talvez nos Jardins Oricellari, podem ter recorrido. Assim fez Leon Battista Alberti quando declarou que a *fortuna* só arrasa os fracos e os que não têm propriedades; o mesmo fizeram poetas contemporâneos; assim também fez, a seu modo, Pico della Mirandola, em sua grande apóstrofe aos poderes do homem que, diversamente dos anjos, pode transformar-se em qualquer forma — a imagem ardente que reside no coração do humanismo europeu, no norte assim como no Mediterrâneo.

Muito mais original, como tem sido notado, é o divórcio que Maquiavel estabelece entre o comportamento político, como uma área de estudos, e a imagem mundial teológica, em termos da qual tal tópico tem sido debatido antes dele (até por Marsílio) e depois dele. No entanto, não é seu secularismo, por audaz que fosse em seus dias, que teria a capacidade de perturbar os contemporâneos de Voltaire ou Benthem, os seus sucessores. O que os chocou foi algo diverso.

A realização principal de Maquiavel, permitam-me repetir, foi sua revelação de um dilema insolúvel, quando fincou uma interrogação permanente no caminho da posteridade. Esta nasce de seu reconhecimento de *facto* de que fins igualmente últimos, igualmente sagrados, podem contradizer mutuamente, e que sistemas de valores inteiros podem colidir, sem possibilidade de um arbitramento racional, e isso não só em circunstâncias excepcionais, como resultado de anormalidade ou acidente ou erro — a colisão entre Antígona e Creonte, ou na história de Tristão — mas (e isso era certamente novo) como parte da situação humana normal.

Para aqueles que encaram tais colisões como raras, excepcionais e desastrosas, a escolha a ser feita é necessariamente uma experiência angustiante para a qual, como um ser racional, ninguém pode se preparar (já que nenhuma regra é aplicável). Mas para Maquiavel, pelo menos em *O príncipe*, os *Discursos* e na *Mandrágora*, não há angústia. Cada um faz a escolha que faz por saber o que quer, e por estar disposto a pagar por isso. O indivíduo prefere a civilização clássica ao deserto tebano, Roma e Jerusalém, seja lá o que os sacerdotes disserem, porque essa é a sua natureza — e porque tal é a natureza dos homens em geral, em todos os tempos e em todos os lugares. Se outros preferirem a solidão ou o martírio, ele dá de ombros. Tais homens não lhe interessam. Ele não tem nada a lhes dizer, nada a discutir com eles. Tudo o que importa a ele e àqueles que com ele concordam é que não seja permitido a tais homens envolverem-se com política, educação ou qualquer dos fatores cruciais da vida humana; sua visão os deixa incapazes para tais tarefas.

Não digo que Maquiavel assevere explicitamente que haja um pluralismo, ou até mesmo um dualismo de valores entre os quais uma escolha consciente tem de ser feita. Porém isso resulta dos contrastes que ele conclui entre a conduta que admira e a que condena. Ele parece ter como ponto pacífico a óbvia superioridade da virtude cívica clássica e afastar para um lado os valores cristãos, bem como a moralidade convencional, com uma ou duas frases de desrespeito ou condescendência, ou palavras fáceis sobre a interpretação errônea do Cristianismo[108]. Isso perturba ou enfurece ainda mais aqueles que discordam dele, por Maquiavel ficar contra suas convicções sem sequer parecer ter consciência de o fazer — e recomenda os caminhos do mal como obviamente os mais sensatos, algo que só os tolos e os visionários hão de rejeitar.

Se o que Maquiavel acreditava for verdade, fica solapado um dos principais pressupostos do pensamento ocidental: ou seja, que em algum ponto do passado ou do futuro, neste mundo ou no próximo, na igreja ou no laboratório, nas especulações da metafísica ou nos achados do cientista social, ou no coração incorrupto do homem simples e bom, será encontrada a solução final para a questão de como devem viver os homens. Se isso for falso (e será falso também se mais de uma resposta igualmente válida à indagação puder ser oferecida), então a idéia de

[108] Por exemplo, nas passagens dos *Discursos* citadas acima, ou quando ele diz: "Eu creio que o maior bem a ser feito e o que mais agrada a Deus é aquele que fazemos à nossa cidade natal". Devo agradecer a Myron Gilmore por essa referência a *A discourse on remodelling the government of Florence* (Gilbert, op. cit.), v. I, pp. 113-14). Tal sentimento não é de modo algum privativo da obra de Maquiavel: porém, deixando de lado seu desejo de agradar a Leão X, ou a capacidade de todos os autores de resvalar para os clichês de seu tempo, devemos supor que Maquiavel deseja fazer-nos pensar que quando Filipe da Macedônia transplantou populações de modo a causar (por inevitável que o fato é dito ter sido) desconforto até mesmo ao autor de *O príncipe*, o que Filipe fez, desde que isso tenha sido para o bem da Macedônia, teria sido agradável a Deus e, *per contra*, que o fracasso de Giovanpaolo Baglione em matar o papa e a Cúria seria desagradável a Ele? Tal concepção da Divindade é, pelo menos, muito distante da do Novo Testamento. Seriam as necessidades da pátria automaticamente iguais à vontade do Todo-Poderoso? Será que aqueles que se permitem duvidar disso estarão incorrendo em heresia? Maquiavel pode às vezes ser representado como excessivamente maquiavélico; mas supor que ele acreditava serem os reclamos de Deus e de César perfeitamente conciliáveis reduz sua tese central ao absurdo. No entanto, é claro que isso não prova que lhe faltava todo e qualquer sentimento cristão; a *Esortazione allâ penitenza* composta em seu último ano de vida (se for realmente autêntica, e não posteriormente forjada) pode bem ser totalmente sincera, como acreditam Ridolfi e Alderisio; Capponi pode ter exagerado quanto ao ponto até o qual ele "expulsou a religião de seu coração", mesmo que "ela não ficasse inteiramente extinta em seu pensamento". O importante é que mal haja traços de um tal estado de alma em seus escritos políticos, com os quais estamos exclusivamente preocupados. Há uma interessante discussão dessa questão por Giuseppe Prezzolini em seu artigo já citado (nota 68), na qual essa atitude tem sua linguagem traçada até Agostinho, e a tese de Croce seria, por implicação, controvertida.

um único verdadeiro e objetivo ideal universal humano desmorona. Sua própria busca por tal ideal torna-se não só utópica na prática, mas conceitualmente incoerente.

Pode-se ver, por certo, como isso poderia parecer inadmissível aos homens — crentes ou ateus, empiristas ou apriorísticos — criados segundo o pressuposto oposto. Nada poderia ser tão perturbador para os criados em algum sistema religioso, ou pelo menos moral, social ou político de natureza monística, do que uma fenda aberta nele. Essa é a adaga de que fala Meinecke, com a qual Maquiavel infligiu o ferimento jamais curado; isso, mesmo que Felix Gilbert esteja correto em afirmar que pessoalmente não trazia em si as cicatrizes dele. Pois ele permaneceu monístico, muito embora de forma pagã.

Maquiavel foi sem dúvida culpado de muita confusão e exagero. Confundiu a proposição de que os ideais últimos podem ser incompatíveis com a asserção muito diferente de que os ideais humanos mais convencionais — baseados em idéias de lei natural, amor fraterno e bondade humana — fossem irrealizáveis, e que aqueles que agem sobre pressuposto oposto a esse seriam tolos, por vezes perigosos; e atribuiu tal proposição dúbia à Antigüidade, acreditando que ela fosse comprovada pela história. A primeira dessas asserções atinge a raiz de todas as doutrinas que acreditam na possibilidade de se alcançarem, ou pelo menos de se formularem, soluções finais; a segunda é empírica, comum, e não auto-evidente. As duas proposições não são, de qualquer modo, idênticas ou logicamente ligadas.

Além do mais ele exagerou desvairadamente: os tipos idealizados da Grécia de Péricles ou da velha República Romana podem ser irreconciliáveis com o cidadão ideal de uma comunidade cristã (supondo que esta fosse concebível), mas na prática — acima de tudo na história, ao qual o nosso autor recorre para ilustração — os tipos puros raramente aparecem: misturas e compostos e concessões e formas de vida comunitária que não se encaixam em quaisquer classificações fáceis, mas que nem cristãos, nem humanistas liberais, nem Maquiavel seriam compelidos a rejeitar por razão de suas crenças, podem ser concebidos sem grandes dificuldades intelectuais. Mesmo assim, atacar e infligir dano permanente ao pressuposto central de toda uma civilização é uma realização de primeira ordem.

Maquiavel não afirma esse dualismo. Ele apenas pressupõe a superioridade da *antiqua virtus* romana (o que pode ser mais que irritante para aqueles que não o fazem) sobre a vida cristã tal como esta é ensinada na Igreja. Ele emite algumas palavras casuais a respeito do que o cristianismo poderia ter-se tornado, mas não espera que ele venha a alterar seu caráter efetivo. E aí Maquiavel deixa a questão. Qualquer um que acredite na moralidade cristã e considere a comunidade cristã como a corporificação de si mesma, mas ao mesmo tempo aceite em grande parte a validade da análise política e psicológica de Maquiavel e não aceite a herança secular de Roma — qualquer que se encontre em tal difícil situação, irá encarar um dilema que, se Maquiavel estiver certo, não só não foi solucionado mas é insolúvel. Esse é o nó górdio que, segundo Vanini e Leibnitz, o autor de *O príncipe* atou — um nó que pode ser cortado, mas não desfeito[109]. Vêm daí os esforços para diluir suas doutrinas, ou interpretá-las de modo a tirar-lhe o ferrão.

Depois de Maquiavel, a dúvida tem a possibilidade de infectar todas as construções monísticas. A sensação de certeza de que existe, em algum lugar, um tesouro escondido — a solução final para todos os males — e que algum caminho deve conduzir a ele (pois, em princípio, ele deve poder ser descoberto); ou então,

[109] Citado por Prezzolini, *op. cit.* (nota 2), versão inglesa, pp. 222-3.

para alterar essa imagem, a convicção de que os fragmentos constituídos por nossas crenças e hábitos são todos peças de um jogo de armar que (já que existe uma garantia *a priori* para tal) pode, por princípio, ter solução, de modo que será apenas por falta de aptidão, ou estupidez ou falta de sorte que nós não conseguimos até agora sermos bem-sucedidos em descobrir a solução, segundo a qual todos os interesses seriam reunidos de modo harmônico — essa crença fundamental do pensamento político do Ocidente foi gravemente abalada. Por certo, em uma época que busca certezas, isso é o suficiente para explicar os esforços infindáveis, mais numerosos hoje do que nunca, para explicar *O príncipe* e *Os discursos*, ou talvez invalidá-los?

Essa é a implicação negativa. Mas existe uma outra, positiva, que poderia ter surpreendido ou talvez desagradado a Maquiavel. Enquanto apenas um ideal for o verdadeiro objetivo a ser alcançado, sempre parecerá aos homens que nenhum meio pode ser por demais difícil, nenhum preço por demais alto, para se fazer tudo o que for exigido para se alcançar esse objetivo final. Tal

O tributo de Nasaccio (cerca de 1424-1425)

certeza é uma das maiores justificativas para o fanatismo, a compulsão, a perseguição. Mas, se nem todos os valores são compatíveis uns com os outros, e escolhas têm de ser feitas por razões não melhores do que o cada valor ser aquilo que é, e nós o escolhemos pelo que ele é, e não por ele poder ser exibido em alguma escala comum como superior aos outros; se escolhemos formas de vida porque acreditamos nelas, porque as pressupomos, ou, examinando-as, constatamos não estarmos moralmente preparados para viver de qualquer outro modo (embora outros façam outras escolhas); se a racionalidade e o cálculo puderem ser aplicados só a meios e a fins subordinados, mas jamais a fins últimos; então emerge um quadro diverso daquele construído em torno do antigo princípio de que só existe um único bem para o homem.

Se só existir uma solução para o quebra-cabeça, então os únicos problemas serão, em primeiro lugar, encontrá-la; depois, como concretizá-la; e, finalmente, como converter outros a essa solução, por persuasão ou pela força. Mas, se assim não for (Maquiavel contrasta dois modos de vida, mas poderia haver, e obviamente há, a não ser para monistas fanáticos, mais de dois), então o caminho fica aberto para o empirismo, o pluralismo, a tolerância, o compromisso. A tolerância é, historicamente, o produto da aceitação da irreconciliabilidade de fés dogmáticas iguais, e da improbabilidade prática da vitória completa de uma sobre a outra. Os que quiseram sobreviver compreenderam que tinham de tolerar o erro. Gradativamente chegaram a perceber os méritos da diversidade, e desse modo se tornaram céticos em relação às soluções definitivas para as questões humanas.

Mas uma coisa é aceitar algo na prática; outra é justificá-lo racionalmente. Os escritos "escandalosos" de Maquiavel iniciam este último processo. Trata-se de um marco crucial, e suas conseqüências intelectuais, totalmente fora das intenções daquele que as originou, foram, por uma feliz ironia da história (que alguns chamam sua dialética), as bases do próprio liberalismo que Maquiavel sem dúvida condenaria, por fraco e sem caráter, privado do propósito único da busca do poder, como de esplendor, de organização, de *virtù*, de capacidade para disciplinar homens rebeldes, diante da imensa superioridade adversa, e torná-los um único todo energético. E no entanto ele é, apesar de si mesmo, um dos construtores do pluralismo, e de sua — segundo ele — perigosa aceitação.

Ao quebrar a unidade original ele ajudou a tornar os homens conscientes da necessidade de se ser obrigado a fazer opções dolorosas entre alternativas incompatíveis na vida pública e na privada (pois as duas, tornou-se óbvio, não podiam mais ser mantidas autenticamente separadas). Sua idealização é de primeira linha, mesmo que apenas em função do dilema que não deu mais paz aos homens desde que veio à luz (ele continua sem solução, mas temos de viver com ele). Não há dúvida de que, na prática, os homens já haviam muitas vezes vivenciado o conflito que Maquiavel tornou explícito. Ele converteu a expressão do mesmo como paradoxo em algo que se aproxima de um lugar-comum.

A espada de que falou Meinecke não perdeu seu fio: o ferimento não está curado. Saber o pior nem sempre é ser libertado de suas conseqüências; no entanto, é preferível à ignorância. Essa é a dolorosa verdade que Maquiavel impôs à nossa atenção, não por formulá-la explicitamente, mas talvez, de modo ainda mais eficaz, por relegar muita moralidade tradicional anteriormente não criticada ao âmbito da Utopia. Isso é o que, de qualquer modo, eu gostaria de sugerir. Onde mais de vinte interpretações vêm a campo, o acréscimo de mais uma não pode ser tomado como impertinência. No pior dos casos, não será mais do que mais outra tentativa de resolver o problema, agora com mais de quatro séculos de idade, do qual Croce, no final de sua longa vida, falou como "*Una questione che forse non si chiuderà mai: la questione del Maquiavelli*"[110].

[110] *Quaderni della "Critica"* 5, n. 14 (julho, 1949), pp. 1-9.

A divina comédia,
Dante Alighieri

ESCRITA EM 1513, QUANDO
MAQUIAVEL TERMINAVA DE ESCREVER
O PRÍNCIPE

Esta é uma carta de Nicolau Maquiavel a seu amigo e embaixador florentino Francisco Vettori. Nela, ele descreve como eram os seus dias no tempo de seu exílio político após a queda do governo republicano de Florença que ele havia servido.

Magnífico embaixador

"As graças divinas nunca tardam." Digo isso porque me parecia que vossa estima por mim tivesse, não digo findado, mas sim esmaecido, tendo vós estado tão longo tempo sem escrever-me. Perguntei-me o porquê disso e, dentre os possíveis motivos em que pensei, descartei todos os que vieram à minha

mente, com exceção de um único: o de que tivésseis parado de escrever-me porque alguém vos tivesse escrito dizendo que não sou bom guardião de vossas cartas. Eu sei que, com exceção de Filipe e Pagolo, ninguém, por meu intermédio, as viu. Eu já havia pensado sobre isso quando li vossa última carta, de 23 do mês passado, através da qual fiquei contente em saber da ordem e da tranqüilidade com que estais conduzindo vossa função pública. Faço votos para continuardes assim, porque aquele que abandona seus propósitos em favor dos propósitos dos outros, a única coisa que consegue é pôr a perder seus próprios propósitos sem obter nenhuma gratidão por ter feito isso. Como a sorte quer tomar conta de tudo, ela quer que a deixemos fazer isso, que fiquemos passivos, que não causemos problema e que esperemos pelo tempo em que ela permita que os homens façam alguma coisa. Aí terá então chegado o tempo de trabalhardes mais arduamente, de interferirdes desveladamente nas coisas e também o momento de eu partir de minha propriedade, ir até aí e vos dizer: "Aqui estou". Não posso, entretanto, desejando retribuir vossa estima, dizer-vos nesta carta outra coisa que não seja sobre como tem sido minha vida. Caso julgardes que deva trocar este modo de vida que tenho levado pelo vosso, ficarei contente.

Estou morando em minha propriedade campestre. Desde que tive minha derradeira má sorte, não passei vinte dias em Florença, somando-se todos os dias em que estive lá. Tenho apanhado tordos com minhas próprias mãos. Sempre me levanto antes de clarear o dia e saio com uma porção de arapucas às costas, parecendo-me com o Geta quando chegava do cais com os livros de Anfitrião. Apanho no mínimo dois e no máximo seis tordos. Foi isso que eu fiz durante todo o mês de setembro. Tal passatempo, estranho e digno de pena, é o que tem aliviado meu desgosto. É assim que tenho vivido. Levanto-me pela manhã com o sol e vou até um bosque onde mando cortar lenha. Ali passo duas horas nas quais revejo o que escrevi no dia anterior e mato algum tempo com os lenhadores, que sempre têm na ponta da língua algum queixume, acerca deles mesmos ou de seus vizinhos. Sobre esse bosque, eu poderia contar-vos mil coisas agradáveis que aconteceram comigo, como quando tive de lidar com o Frosino de Panzano e outros que desejavam obter uma parte daquela lenha. Especialmente com o Frosino, que mandou, sem dizer uma palavra para mim, alguém ir até lá e retirar alguns feixes de lenha para ele, querendo descontar, na hora do pagamento, dez liras que ele garante que eu devo a ele desde quatro anos atrás, quando ele me bateu em um triquetraque[111] *na casa do Antônio Guicciardini. Então comecei a fazer o diabo. Já ia enquadrando como ladrão o carroceiro que ele havia encarregado de buscar a lenha, quando o Giovanni Maquiavel colocou-se entre nós e nos fez chegar a um acordo. O Batista, o Guicciardini, o Filipe Ginori, o Tommaso del Bene e alguns outros cidadãos, depois que ficaram sabendo desse barulho todo, solicitaram-me uma parte daquela carga de lenha para cada um. Prometi atender a todos. Expedi então a carga de lenha para Florença, mas, quando a carroça chegou à cidade, restava apenas a metade da carga porque o Tommaso, sua mulher, os servos, as crianças, cada um destes descarregou uma parte da lenha, parecendo o Gab-*

[111] *Cricca*, no original; vocábulo onomatopaico, pelo qual é também conhecido o jogo de gamão, em que se jogam dados sobre um tabuleiro.

burra e seus rapazes quando nas quintas-feiras desancavam um boi. Então, tendo calculado meu ganho, eu disse aos outros que não havia mais lenha, mas todos eles ficaram desgostosos por isso, especialmente o Batista, que colocou esse entre os outros desgostos que ele havia tido em Prato.

Ao sair do bosque, vou até uma fonte, e de lá até meu aviário. Sempre levo um livro comigo: ou Dante, ou Petrarca, ou um desses poetas menores, como Tíbulo, Ovídio e outros, e mergulho na leitura de seus amores, e seus amores me recordam os meus, distraindo-me. Vou depois à hospedaria da beira da estrada, entretenho-me com os que passam, pergunto pelas novas de suas terras, ouço uma porção de coisas e observo os vários gostos e as diversas fantasias dos homens, até a hora do almoço. Então, em companhia de minha gente, me nutro com os alimentos que minha pobre herdade e meu magro patrimônio permitem. Depois de comer, volto à hospedaria, onde sempre me encontro com o hospedeiro, um açougueiro, um moleiro e dois forneiros. É com essas pessoas que durante toda a tarde me entretenho jogando cricca ou triquetraque[112], em que surgem mil contendas e infinitas discussões através de palavras injuriosas. Apesar de geralmente estarmos apostando um quattrino[113], nossos gritos são escutados lá em São Casciano. É em semelhante piolheira que preciso mergulhar para impedir que minha cabeça mofe de uma vez. É assim que me desafogo da malignidade da sorte para comigo, sentindo-me quase contente por estar indo por esses caminhos para ver se ela não se envergonha por me encontrar assim.

[112] Nome onomatopaico dado ao jogo de gamão.

[113] Um quarto de lira.

Com a chegada da noite, eu volto para minha casa e mergulho nos meus estudos. Logo após fechar a porta, tiro as roupas cobertas de barro e lama para vestir trajes suntuosos e curiais. Assim, vestido apropriadamente, eu entro nas antigas cortes dos homens da antigüidade, nas quais, recebido afetuosamente por eles, me alimento daquela refeição que é somente para mim e para a qual nasci. Aí não me sinto envergonhado de falar com eles e de lhes perguntar as razões de suas ações, e eles, com sua gentileza, me dão suas respostas. Desse modo eu passo quatro horas sem sentir aborrecimento algum, sem me lembrar de meus problemas, sem lamentar minha pobreza e sem que qualquer receio da morte me perturbe. Entrego-me inteiramente a essa conversa. Como diz Dante, ninguém adquire conhecimento quando escuta mas em seguida não se lembra do que escutou. Por isso eu tenho anotado tudo que achei importante daquilo que eles disseram nessas conversações, e com isso estou escrevendo uma pequena obra, Dos principados[114], na qual faço considerações o mais profundamente que posso sobre o assunto, debatendo sobre o que é um principado, de que tipos eles são, como são conquistados, como eles são conservados, por que motivos são perdidos. Mesmo que jamais alguma de minhas conjecturas vos tenha agradado, esta com certeza não vos trará desprazer. Ela deve ser útil a um príncipe, principalmente a um novo príncipe. Por isso a dedico à magnificência de Giuliano[115]. O Filipe Casavecchia a tem lido. Ele poderá dar-vos uma idéia parcial dela, do que ela trata e também sobre os debates que temos tido a respeito, embora a

[114] *Dos principados*, nome que Maquiavel havia dado inicialmente a *O príncipe*.

[115] Giuliano de Médici.

todo instante eu a esteja revisando e ampliando. Seria vosso desejo, Magnífico Embaixador, que eu deixasse a vida que levo aqui para ir desfrutar convosco a vossa. Isso eu farei de qualquer modo. O que ainda me segura aqui são certos negócios que terei concluído dentro de seis semanas. Uma coisa que me faz hesitar é que aí estão aqueles Soderini, os quais eu seria forçado, estando aí, a ir visitá-los e a falar com eles. Quando do meu retorno, estou em dúvida se desmontaria em casa ou no Bargello[116]*, porque o nosso governo, embora tenha fortíssimas bases e grande segurança, é também muito recente e, por isso, duvidoso, não faltando nele sabichões, como o Pagolo Bertini, que, para aparecerem, prejudicariam os outros e deixariam a culpa para mim. Rogo-vos aliviar-me desse temor, para que eu possa, passado o tempo que mencionei, ir sem falta ao vosso encontro. Sobre a pequena obra que estou escrevendo, tenho conversado com o Filipe se seria conveniente dá-la ou não a Giuliano*[117]*; e, em caso afirmativo, se seria melhor eu enviá-la ou entregá-la pessoalmente. Temo que, se eu não a entregar pessoalmente, Giuliano não a leia e que esse Ardinguelli*[118] *tome para si mesmo a honra desse meu último trabalho. Entregá-la é para mim forçoso devido à necessidade que me move, pois estou gastando meu dinheiro e não posso sustentar essa situação por muito mais tempo sem acabar tornando-me desprezado devido à pobreza. Além do mais, é meu desejo que esses senhores Médici comecem a empregar meus serviços, a retirar uma pedra de meu caminho; se eu não conquistar o*

[116] Na época, prédio onde funcionava o palácio da justiça e um presídio. Hoje é um museu.

[117] Giuliano de Médici não chegou a ler essa obra, e a primeira publicação dela se deu 1532, cinco anos após a morte de Maquiavel.

[118] Pedro Ardinguelli, secretário do Leão X, o qual foi eleito papa em 1513.

favorecimento deles, sentirei compaixão por mim mesmo e por essa obra que, caso seja lida, mostrará que não fiquei dormindo nem brinquei durante esses quinze anos em que fiquei estudando a arte das coisas relacionadas com o estado; e além disso todos deverão ficar agradecidos em se servir dela, sem esforço da experiência. E de minha credibilidade ninguém deve duvidar, porque, tendo sempre preservado minha honestidade, eu não iria agora deixar de ser leal. De minha honestidade e bondade, é testemunha a minha pobreza. Desejaria, portanto, que me escrevêsseis vossa opinião sobre esse assunto, e a vós eu me recomendo. Seja feliz.

10 de dezembro de 1513
Nicolau Maquiavel, de Florença

Árvore genealógica dos Médici

I. Ramo de Cosmo o Velho

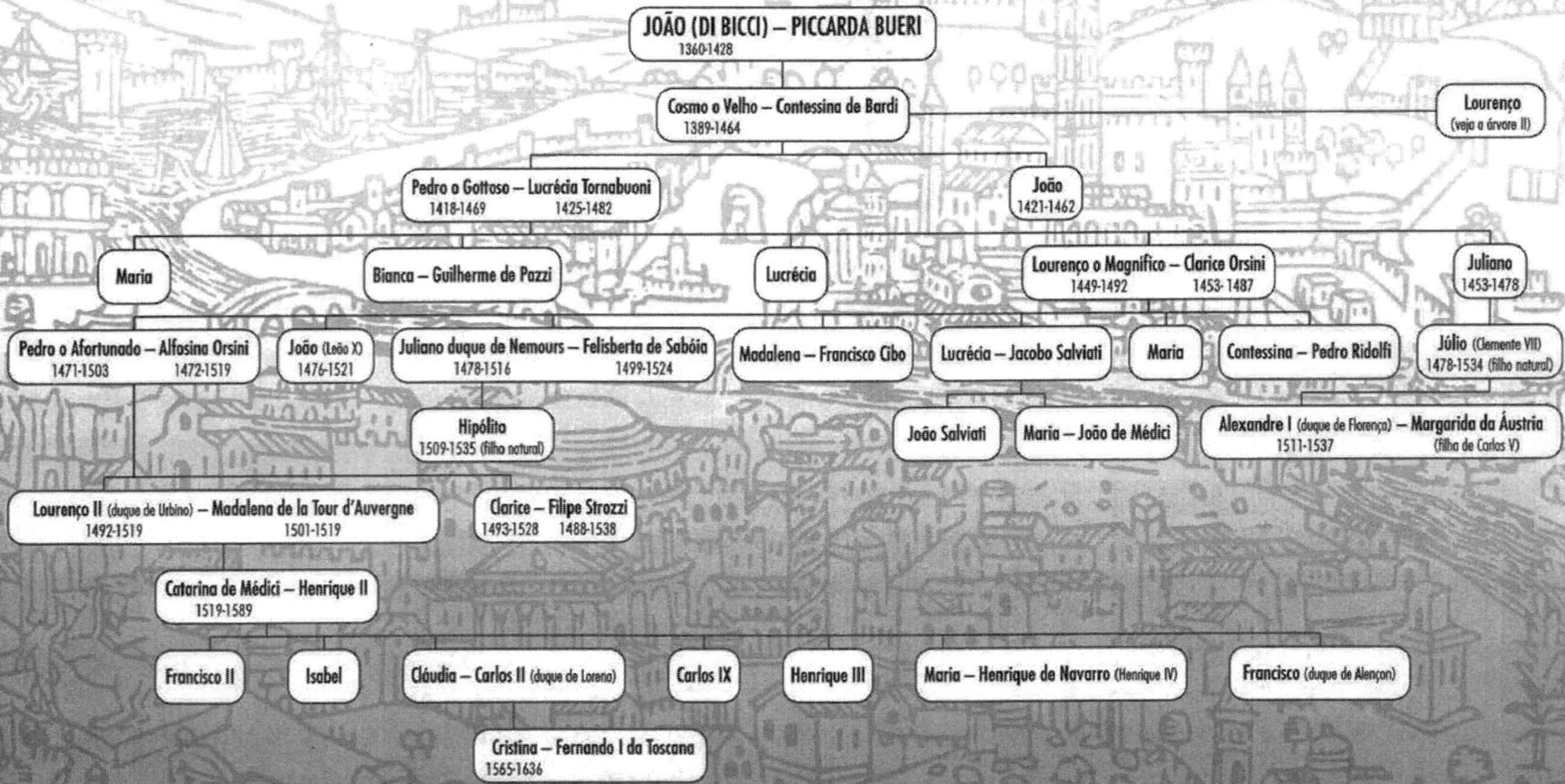

Árvore genealógica dos Médici

II. Ramo de Lorenzo

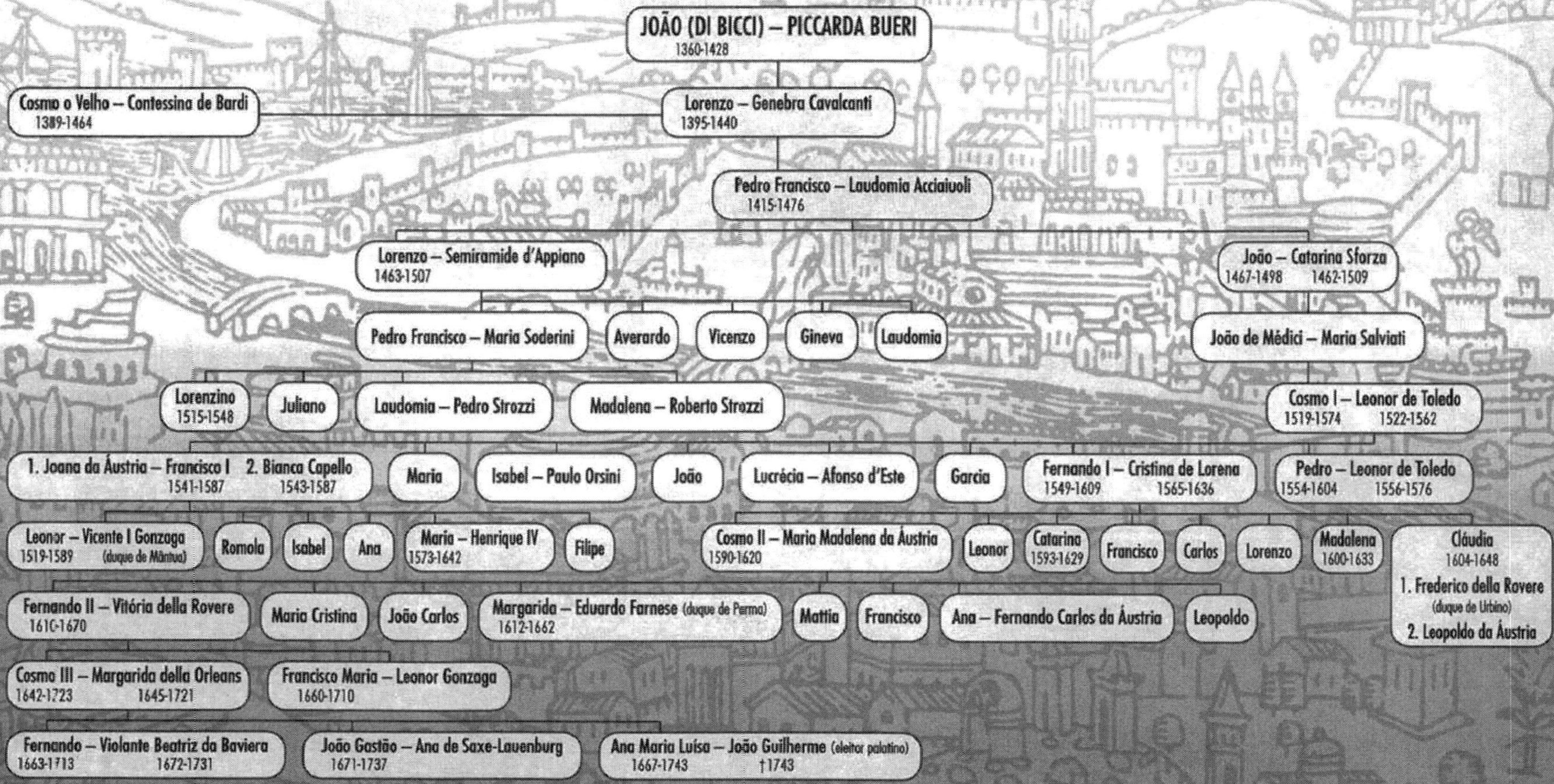

Retrato de perfil
de Maquiavel
(autor desconhecido)

Dedicatória

De Nicolau Maquiavel para o magnífico Lorenzo de Médici[119]

É costume aqueles que desejam alcançar as graças de um príncipe trazer-lhe as coisas que lhes sejam as mais caras e que mais possam agradar a ele. Por isso os príncipes são freqüentemente presenteados com cavalos, armas, tecidos com urdidura de ouro e outras preciosidades dignas de sua grandeza.

Então, desejando eu apresentar-me a Vossa Magnificência com algum testemunho de minha submissão, não achei dentre meus bens nada que me seja mais caro e que eu tanto estime quanto o meu conhecimento sobre as ações dos grandes homens, adquirido através de minha longa vivência das coisas modernas e de uma contínua lição das antigas.

Tendo, com grande diligência, longamente meditado e examinado essas coisas, resumi o que aprendi neste pequeno volume, que agora remeto a Vossa Magnificência. Embora eu o julgue um presente indigno da vossa magnitude,

[119] Lorenzo de Médici (1492-1519), duque de Urbino, neto de Lorenzo o Magnífico.

Os Profetas e as Sibilas. *O profeta Daniel*

acredito que, por benevolência, possa aceitá-la, considerando que não disponho de presente maior para lhe oferecer do que a possibilidade de conhecer tudo que, durante tantos anos e à custa de tantos incômodos e perigos, aprendi.

Não adornei esta obra e nem a carreguei com frases sonoras, lisonjas ou ornamentos extrínsecos, como muitos fazem em suas obras, porque eu quis que ela agradasse pela variedade de conteúdos e pela gravidade do assunto.

Não quero que seja reputada como presunção a ousadia de um homem de baixa e ínfima posição discorrer e elaborar regras sobre o governo dos príncipes, porque, do mesmo modo como os que desenham os contornos dos países se colocam na planície para apreciar a natureza dos montes e sobem até o alto para apreciar a natureza das planícies, é também necessário ser príncipe para conhecer a índole do povo e é necessário ser alguém do povo para conhecer a índole de um príncipe.

Receba, pois, este pequeno presente com o espírito com que eu o remeto a Vossa Magnificência. É uma obra que, diligentemente considerada e lida, lhe dará a conhecer o meu extremo desejo: que Vossa Magnificência alcance a grandeza que a sua condição e as suas outras qualidades prometem. E se Vossa Magnificência, do ápice da sua altura, alguma vez dirigir seus olhos para baixo, conhecerá quão imerecidamente suporto uma grande e contínua má sorte.

Francisco Sforza
(retrato atribuído
a Bonifácio Bembo).
Pinacoteca de Brera, Milão

Capítulo I

De quantos tipos são os principados e de que modo eles são conquistados

Os dois tipos de estado, as duas formas de governo que sempre houve ou que há sobre os homens ou são repúblicas ou principados. Os principados são hereditários ou são novos. Nos hereditários, o senhor descende de uma linhagem familiar cujos membros têm sido príncipes desde longo tempo. Os novos são inteiramente novos, como foi Milão para Francisco Sforza[120], ou são parte anexada de um estado que um príncipe conquista, como é o reino de Nápoles para o rei[121] da Espanha. Os domínios conquistados estão acostumados a viver submetidos a um príncipe ou a serem livres; e sua conquista de dá através de milícias alheias ou de milícias próprias, por favorecimento da sorte ou pelo valor do conquistador.

[120] Francisco Sforza (1401-1416), que em 1450 se fez duque e príncipe de Milão.
[121] Fernando de Aragão (1452-1516), conhecido como Fernando o Católico.

A história de Nastasio degli Onesti (Sandro Botticelli, 1483). Museu do Prado, Madri

Capítulo II

Dos principados hereditários

Moeda do Papa Júlio II, medalha de Cristóvão Caradosso (frente), 1506. Museu Britânico, Londres

Não vou aqui falar sobre as repúblicas porque já fiz isso extensamente em outra ocasião. Vou ater-me apenas aos tipos de principado, examinando como se pode governar e preservar esses principados.

É muito menor a dificuldade de se preservar um estado hereditário, habituado à família de um príncipe, do que um novo. No primeiro caso, basta que não sejam preteridos os costumes ancestrais e que depois se use de prudência ao lidar com um ou outro problema. Agindo desse modo, um príncipe de engenho ordinário será sempre soberano em seu domínio; e, mesmo que uma força extraordinária e desmedida venha a tomar-lhe o domínio, o príncipe o reconquista, por terrível que seja a força do usurpador.

Por exemplo, aqui na Itália temos o caso dos duques de Ferrara[122], que resistiram aos ataques dos venezianos, em 1484, e aos do papa Júlio[123], em 1510, apenas por ser antigo o domínio de sua família[124]. Isso porque aquele que é príncipe por linhagem de família tem menos motivos e menos necessidade de ofender seus súditos e por isso é natural que ele seja cada vez mais amado por eles, desde que não possua grandes vícios que façam com que ele seja odiado pelos súditos. Com o tempo e as várias sucessões de poder hereditário, embotam-se as memórias e desaparecem a motivação para inovações, porque mudanças sempre deixam bases para outras mudanças.

[122] Os duques D'Este, do ducado de Ferrara.
[123] Giulianno della Rovere (1443-1513), cardeal que ao se eleger papa em 1503, recebeu o nome Júlio II.
[124] A família D'Este, do ducado de Ferrara.

Afonso d'Este, duque de Ferrara, Módena e Reggio. Galeria Estense, Módena

Luís XII (autor desconhecido). Galeria Uffizi, Florença

Capítulo III

Dos principados mistos

As maiores dificuldades ocorrem quando se lida com um novo principado, sobretudo se não se não se trata de um principado inteiramente novo, adquirido como parte anexa de um principado maior (podendo-se dizer que um forma com o outro um principado misto). A principal dificuldade para se governar um principado misto é a mesma de todos os principados novos: os homens mudam voluntariamente de senhor, crendo que desse modo as coisas vão melhorar para eles. Todavia essa crença que os faz pegar em armas contra seu senhor é um engano, porque depois eles vêem que na prática a situação deles piora.

Devido a essa dificuldade, é natural e comum que seja sempre necessário o novo príncipe ofender os súditos do estado que conquistou, com gente armada e inumeráveis outras injúrias. Após a conquista, tens como inimigos todos os que se sentem ofendidos por teres ocupado o principado e não podes manter como amigos aqueles que te puseram ali, porque não podes satisfazê-los do modo como esperavam. O teu dever de gratidão faz com que não apliques remédios amargos contra eles; além disso, mesmo que estejas fortíssimo com teus exércitos, vais necessitar do favor dos habitantes locais para que possas tomar conta de teu novo domínio.

Foi por esse motivo que Luís XII[125], rei da França, ocupou Milão tão rapidamente como perdeu. Para isso, bastaram as forças de Ludovico[126], porque aqueles que haviam aberto as portas para o rei, ao verem lograda a esperança de melhorar de situação através dele, não puderam mais suportá-lo. É bem verdade que, ao se conquistar pela segunda vez um país rebelado, não se volta a perdê-lo com a mesma facilidade; porque daí em diante o senhor vai hesitar menos em punir de rebelados e em esclarecer as suspeitas, além de se fortalecer em relação aos pontos mais fracos. Para a França perder Milão na primeira vez, foi suficiente a ameaça do duque Ludovico às fronteiras; mas na segunda foi necessário todos se levantarem contra os franceses, aniquilando ou expulsando da Itália os seus exércitos. O fato é que, tanto após a primeira vez como após a segunda, Milão foi retomada.

Ludovico o Mouro. Pinacoteca de Brera, Milão

As causas gerais da primeira já foram apresentadas; falta-me agora discorrer sobre as da segunda e ver que medidas o rei da França, ou outro príncipe em situação semelhante, poderia ter tomado para conservar sua conquista.

Os estados que ao serem conquistados são anexados ao estado hereditário pelo conquistador podem ser da mesma região e

[125] Luís XII (1462-1515).

[126] Ludovico Sforza (1452-1508), conhecido como Ludovico o Mouro.

por teus lugar-tenentes, e os súditos ficam satisfeitos por terem mais fácil acesso a ti, do que resulta terem maiores motivos para amar-te, quando quiserem ser bons, ou para temer-te, em caso contrário. Com presença do novo príncipe, se torna muito mais difícil a ocorrência de ataques externos ao principado conquistado.

A outra medida eficaz é instalar colônia em um ou dois pontos estratégicos do território conquistado, porque ou se faz isso ou se tem de manter lá muita força armada. Com as colônias não se gasta muito, pois elas podem ser instaladas e mantidas sem grande despesa; nelas, os únicos prejudicados são aqueles dos quais se tomam os campos e as casas que são dados a novos habitantes, mas esses são uma minoria e, se forem mantidos dispersos e reduzidos à pobreza, não vão poder causar dano ao novo príncipe, ao mesmo tempo em que os não-prejudicados vão aquietar-se, com medo de lhes acontecer o mesmo. Concluo afirmando que essas colônias nada te custam. Além disso, são fiéis e te ofendem menos, porque, como eu já disse, os ofendidos, estando pobres e dispersados, não te podem ofender. Os homens devem ser mimados ou exterminados, porque eles podem vingar-se das ofensas leves, mas não das ofensas graves. Por isso a injúria que se faz deve ser tal que não se tema a vingança do injuriado.

Quando, para manter uma ocupação, se coloca ali gente armada em vez instalar colônias, o custo é muito maior. Gasta-se toda a receita da província na manutenção dessas milícias, e a conquista acaba por transformar-se em perda, o que ofende em muito o conquistador. Além disso, os incômodos provocados por tais milícias é sentido por todos: cada habitante, afrontado por tanta rudeza, acaba tornando-se teu inimigo; e esses inimigos podem fazer mal a ti, porque, ainda que vencidos, são habitantes naturais do lugar. Portanto, sob qualquer ponto vista, esse uso das milícias é ruim, ao passo que a instalação das colônias é muito útil.

À frente de uma província de língua, costumes e leis diferentes, um príncipe deve: fazer-se chefe e defensor dos mais fracos, tratar de enfraquecer os poderosos e prevenir-se contra a entrada, na província, de algum forasteiro tão poderoso quanto ele, porque sempre acontece de habitantes locais, motivados por ambição ou por temor em demasia, apelarem para forasteiros poderosos, assim como fizeram os etólios ao trazerem os romanos para dentro da Grécia[128]. Os romanos, em todas as outras províncias nas quais entraram, sempre o fizeram através do apelo de habitantes locais.

Quando um forasteiro poderoso entra em uma província, os que nela são pouco poderosos sempre aderem a ele, movidos pela inveja do que lhes é príncipe e de seu poder. Ao forasteiro, não custa quase nenhum esforço para ganhar o apoio dos pouco poderosos, pois estes logo se juntam formando um bloco com ele, que precisa apenas ficar atento para que os desse bloco não fiquem muito fortes e com demasiada autoridade. Agindo assim, o conquistador consegue, com sua milícia e com o apoio deles, manter-se como árbitro absoluto de seu novo domínio. Aquele que não governar desse modo, perderá rapidamente tudo o que tiver conquistado e, mesmo que isso não ocorra de imediato, passará por infinitas dificuldades e aborrecimentos.

Os romanos, nas províncias que conquistaram, instalaram colônias, apoiaram os menos poderosos sem lhes aumentar a força, abateram os mais poderosos e não permitiram a influência

[128] Os estados gregos da Liga Etólia pediram pela intervenção dos romanos contra Filipe V da Macedônia, o qual era aliado à Liga Aquéia e ajudava o cartaginês Aníbal, durante a primeira guerra macedônica (215-205 a.C.).

de forasteiros. Basta para mim um exemplo da Grécia[129]: foi com o apoio dos aqueus e dos etólios que Roma abateu o reino dos macedônios. Antíoco[130] foi expulso mas nem o mérito dos aqueus e nem o mérito dos etólios nessa conquista permitiu que eles granjeassem algum aumento de poder; nem as persuasões de Filipe[131] induziram os romanos a tratá-lo como a um igual; nem o prestígio de Antíoco fez os romanos consentirem que ele conservasse algum poder naquela província.

Em todos esses casos, os romanos fizeram o que todos os príncipes devem fazer: não somente garantir-se quanto aos problemas imediatos, mas também cuidar dos problemas futuros com toda a perícia. Prevenir-se contra os problemas é o melhor remédio para resolvê-los; para os problemas já consumados, o remédio pode chegar somente quando a doença se tiver tornado incurável. Dizem os médicos que, quando no seu início, a tísica é fácil de curar e difícil de ser reconhecida, mas, se o tempo passar sem que ela seja reconhecida e medicada, ela se torna fácil de ser reconhecida e difícil de ser curada. É isso que ocorre com as coisas do estado: quando se reconhecem os males com antecedência, o que não é dado senão aos homens prudentes, os males podem ser curados rapidamente; quando, por ignorá-los, se deixa que os males cresçam ao ponto de qualquer um notá-los, acaba não havendo mais remédio para curar-se deles.

Os romanos, ao verem de longe as perturbações, sempre as remediavam imediatamente, não deixando de cuidar delas a pretexto de evitarem a guerra, porque sabiam que uma guerra

[129] Esse exemplo refere acontecimentos do início do século II a.C.
[130] Antíoco da Síria, aliado dos etólios.
[131] Filipe V da Macedônia.

não pode ser evitada e que ela somente traz proveito a quem a deflagra. Então os romanos fizeram guerra contra Filipe e Antíoco na Grécia, para não ter de guerrear na Itália; podiam tê-la evitado, mas não quiseram fazer isso. Do mesmo modo como pensam os sábios da nossa época, aos romanos agradava não esperar que o tempo resolvesse seus próprios problemas, mas sim contar com o benefício do valor e da prudência deles próprios. O tempo leva para adiante todas as coisas e tanto pode transformar o bem em mal como o mal em bem.

Mas voltemos à França e examinemos como os franceses se portaram em situações semelhantes. Falarei de Luís[132], e não de Carlos[133], pois Luís conservou por mais tempo possessões da Itália e mais bem se viu a medida dos seus progressos. Verás que ele fez o contrário do que se deve fazer para conservar a conquista de um estado heterogêneo. O rei Luís entrou na Itália por causa da ambição dos venezianos, que desejavam assim garantir seu domínio sobre metade da Lombardia. Não quero censurar a decisão tomada pelo rei, porque ele desejava meter um de seus pés na Itália, onde não tinha amigos e todas as portas lhe estavam fechadas devido à conduta anterior do rei Carlos. Por

Milagre da Cruz na Ponte de São Lourenço (pormenor de um quadro de Gentil Bellini, 1500). Academia, Veneza

[132] Luís XII (1462-1515) ocupou parte da Itália entre 1499 e 1512.
[133] Carlos VIII (1470-1498) ocupou parte da Itália entre 1494 e 1495.

Vista panorâmica de Gênova (A. Danti, século XVI). Galeria de Mapas, Vaticano

isso ele foi forçado fazer as alianças que pôde, e teria sido bem-sucedido se nas outras coisas não tivesse cometido erro algum. Após ter conquistado a Lombardia, o rei imediatamente recuperou o prestígio que Carlos havia perdido: Gênova cedeu, os florentinos tornaram-se seus amigos; o marquês de Mântua, o duque de Ferrara, o Bentivoglio, a senhora de Forli, o senhor de Faenza, o senhor de Pesaro, o de Rimino, o de Camerino, o de Piombino, os habitantes de Luca, os de Pisa, os de Siena, todo mundo se aproximou dele para ter sua amizade. E os venezianos, por sua vez se arrependeram da decisão que haviam tomado, porque, para adquirir duas cidades na Lombardia, fizeram do rei Luís o senhor de dois terços da Itália.

Consideremos agora como facilmente o rei poderia ter conservado seu poder na Itália, caso tivesse observado as regras que já mencionei, garantindo a defesa e o apoio daqueles seus amigos que, por serem numerosos e pouco poderosos, temiam alguns deles a Igreja e outros os venezianos. Tendo esses amigos como aliados, o rei facilmente se teria garantido contra os mais poderosos. Mas ele nem bem havia chegado a Milão quando fez exatamente o oposto: ajudou o papa

Alexandre[134] a ocupar a Romanha. Nem pensou que com essa deliberação enfraquecia a si próprio, afastando dele os amigos e os aliados necessitados de sua proteção e ao mesmo tempo fortificando a Igreja, acrescentando ao inerente poder espiritual desta um grande poder temporal. Cometido o primeiro erro, precisou então cometer outros, até que foi obrigado a deslocar-se pessoalmente até a Itália para pôr termo à ambição de Alexandre e para que este não se tornasse senhor da Toscana. Não lhe bastando fortalecer a Igreja e perder os próprios aliados, dividiu o reino de Nápoles, que ele desejava para si, com o rei da Espanha[135]. Assim ele, que era o único árbitro da Itália, passou a dividir esse poder com um outro para o qual súditos descontentes e ambiciosos poderiam recorrer contra ele mesmo. Além do mais, em vez de manter naquele reino um rei submisso, ele tirou este e colocou no lugar um que poderia expulsá-lo dali.

É uma coisa muito natural e comum o desejo de conquistar, e os homens que podem fazê-lo são sempre louvados ou, pelo menos, não-censurados. Por outro lado, aqueles que não podem, mas querem fazê-lo de qualquer jeito, erram e por isso merecem censura. Se a França tinha forças para assaltar Nápoles, devia ter feito isso; se não tinha, não devia tê-la dividido. Se a divisão que fez da Lombardia com os venezianos merece ser desculpada, porque foi assim que ele pôs um pé na Itália, a divisão de Nápoles merece censura, porque não tem a desculpa da necessidade.

O rei Luís cometeu, portanto, cinco erros: descuidou dos menos poderosos, aumentou o poder de um poderoso dentro da Itália, meteu nela um poderosíssimo forasteiro, não veio habi-

[134] Alexandre VI (1431-1503), cujo nome era Rodrigo Lanzol y Bórgia, eleito papa em 1492.
[135] Fernando o Católico.

tá-la e nela não instalou colônias. Mas até mesmo esses cinco erros poderiam não tê-lo ofendido em vida, caso não tivesse cometido o sexto: apoderar-se de territórios dos venezianos. Se não tivesse fortalecido a Igreja e nem intrometido a Espanha nas coisas da Itália, teria sido razoável enfraquecer os venezianos; mas, como já havia tomado essas deliberações, não deveria ter consentido na ruína dos venezianos, pois, com os eles fortes, a Lombardia teria ficado protegida contra quem quisesse atacá-la; além disso, ninguém ambicionaria tirar da França a Lombardia para dá-la aos venezianos e também ninguém teria ânimo para enfrentar os venezianos e os franceses ao mesmo tempo.

Alguém pode argumentar que o rei Luís cedeu a Romanha para Alexandre e um reino para a Espanha com o objetivo de evitar uma guerra. Então replicarei que, pelas razões já mencionadas, não se deve permitir um mal para evitar uma guerra, porque uma guerra não pode ser evitada; ela pode apenas ser adiada, e com prejuízo para quem a adia. Sobre o argumento de que o rei tinha de cumprir a promessa que havia feito ao papa, de conquistar a Romanha para este em troca da dissolução do seu matrimônio e do chapéu cardinalício ao arcebispo de Rouen[136], respondo mais adiante ao tratar sobre como deve ser a palavra dos príncipes e como ela deve ser cumprida.

Em suma, o rei Luís perdeu a Lombardia por não haver observado nenhuma das regras seguidas por outros que conquistaram províncias e as conservaram, não por meio de algum milagre, mas através de procedimentos comuns e razoáveis. Sobre esse assunto, eu conversei em Nantes com o cardeal de Rouen, quando Valentino (como popularmente era chamado

[136] Georges d'Amboise.

César Bórgia, filho do papa Alexandre) ocupou a Romanha. Tendo-me o cardeal dito que os italianos não entendiam de guerra, expliquei-lhe que os franceses não entendiam das coisas de estado porque, se entendessem, não teriam consentido à Igreja tanta grandeza. E isso se comprovou na prática, porque na Itália a grandeza da Igreja e da Espanha foi obra da França e porque a ruína da França foi causada pela Igreja e pela Espanha. Daí se depreende uma regra geral, que nunca ou muito raramente falha: arruína a si mesmo aquele que alimenta o poder de outro, pois este passa a duvidar da astúcia e da força daquele.

Retrato satírico de César Bórgia

Leonardo da Vinci traçou esse croqui para mostrar as proporções do corpo humano em relação às figuras do círculo e do quadrado

Capítulo IV

Por que razão o reino de Dario ocupado por Alexandre[137], não se rebelou contra os sucessores de Alexandre após a morte deste

Consideradas as dificuldades para se conservar um estado recentemente conquistado, alguém pode achar espantoso que, tendo Alexandre se tornado senhor da Ásia em poucos anos e morrido logo depois disso, todas aquelas suas conquistas

Alexandre o Grande (mosaico de Bellini). Museu Nacional de Nápoles

[137] Alexandre Magno (356-323 a. C.), rei da Macedônia.

não se tivessem perdido logo em seguida. Seria razoável esperar-se que logo após a morte dele todos os estados conquistados se rebelassem. No entanto, os sucessores de Alexandre mantiveram domínio sobre aquelas conquistas, e sem outra dificuldade a não ser a que nasceu deles: suas próprias ambições pessoais.

Minha explicação para esse fato é que todos principados de que tivemos notícia foram governados de dois modos: por um príncipe com seus servidores, os quais atuam como ministros que não passam de servos e que, por graça e concessão dele, ajudam no governo; ou por um príncipe e vários barões que têm esse grau de importância não por graça do príncipe, mas sim por antigüidade das linhagens de suas famílias. Tais barões possuem seu próprio domínio territorial e seus próprios súditos, os quais os reconhecem como senhores e lhes votam natural afeição. Nos estados governados por um príncipe e por servos, há mais submissão à autoridade do príncipe, porque na província toda não há quem seja reconhecido como superior a ele, enquanto os que têm algum poder de mando são obedecidos apenas como ministros ou oficiais mas não gozam de nenhuma afeição especial.

Em nosso tempo, temos como exemplos desses dois tipos de governo o Turco e o rei da França[138]. O Turco, auxiliado por servos que ele muda e desloca como quer, é o único senhor do seu império, que é dividido em *sandjaks*[139]. Em contrapartida, o rei da França cercou-se de uma multidão de senhores tradicionais que por sua proeminência gozam de privilégios que o rei não lhes pode tirar sem correr grave perigo. Quem avaliar, pois, esses dois exemplos, verá que é mais difícil conquistar o estado do

[138] Luís XII.

[139] *Sandjak* significa "estandarte".

falar a mesma língua ou não. No caso afirmativo, a facilidade para se firmar a conquista é grande, principalmente se os novos súditos não estão acostumados a viver livres: basta que se aniquile a linhagem familiar do antigo príncipe, porque, mantendo-se inalterada a situação dos demais e conservando os costumes locais, os homens aceitam pacificamente o novo príncipe. Assim foi feito na Borgonha, na Bretanha e na Gasconha e na Normandia, que há tanto tempo pertencem à França. Os povos desses domínios podem facilmente conviver porque, ainda que haja alguma diferença quanto à língua, os seus costumes são semelhantes. Aquele que conquista um estado desse tipo deve fazer duas coisas: a primeira é extinguir a linhagem do antigo príncipe; a outra é não alterar as leis e os impostos, de modo que em brevíssimo tempo o novo principado se torne, junto com o antigo, um só corpo.

Todavia, quando se conquista uma província de língua, costumes e leis diferentes, as dificuldades encontradas são as maiores, e é preciso de grande habilidade e de muita sorte para conservá-la. Uma das medidas mais eficazes para que o novo príncipe preserve seu novo domínio é ele mesmo ir habitá-lo, o que tornará sua posse mais segura e mais durável. Foi isso que o Turco[127] fez na Grécia. Mesmo mantendo as leis locais, ele não teria conservado seu estado se não tivesse ido habitá-lo. Quando se está presente, pode-se ver o surgimento das desordens, podendo assim remediá-las com presteza; em caso contrário, só se vai ter notícia delas quando não houver mais remédio. Além disso, a tua presença na província conquistada por ti impede que ela seja espoliada

[127] Referência a Maomé II (1430-1481), conhecido como Maomé o Conquistador, que conquistou a Grécia (império bizantino) em 1453 e nele se estabeleceu, habitando em Constantinopla.

Agora, se considerarmos de que natureza era o governo de Dario[140], veremos que era semelhante governo do Turco. Por isso Alexandre teve de derrotar completamente as tropas de Dario em campo de batalha, mas depois da vitória, tendo Dario morrido, manteve com segurança a sua conquista, pelas razões que já mencionei. Se os sucessores de Alexandre tivessem permanecido unidos, poderiam desfrutado seu poder ociosamente, porque naquele reino não surgiram outros tumultos que não os que eles próprios suscitaram.

Imperador persa Dario (mosaico de Bellini). Museu Nacional de Nápoles

Impossível é uma manutenção de poder tranqüila em estados como a França. Essa mesma dificuldade houve antigamente na Espanha, na França e na Grécia quando das freqüentes rebeliões contra os romanos, que ocorreram por causa dos tipos de principado que havia nesses estados. Enquanto neles perdurou a memória dos numerosos antigos senhores que ali havia, os romanos não puderam assegurar sua posse; mas, uma vez apagada essa memória, em vista da potência e duração do império, nasceu a soberania dos ocupantes romanos. Foi por isso que estes puderam também, quando mais tarde lutaram entre eles, arrastar para si a parte das províncias nas quais cada um havia conseguido impor sua autoridade. Essas províncias, pela

[140] Dario III, que reinou na Pérsia entre 337 e 330 a. C.

razão muito simples de que haviam sido eliminadas as linhagens de sangue dos seus antigos senhores, reconheciam apenas os romanos como seus senhores.

Tendo considerado, pois, todas essas coisas, ninguém mais se espantará diante da facilidade que Alexandre teve de consolidar sua vitória na Ásia, nem diante das dificuldades em que Pirro[141] e muitos outros esbarraram para conservar os reinos conquistados.

141 Pirro, rei do Epiro, conquistou parte do sul da Itália e da Sicília e a ocupou de 280 até 276 a. C., quando foi derrotado pelos romanos.

Vista panorâmica de Florença (quadro de Vasari)

Capítulo V

Como governar cidades ou principados conquistados que anteriormente eram regidos por leis locais

Quando um príncipe conquista um estado no qual há o costume de se viver segundo as leis locais e em liberdade, há três modos de conservá-los: o primeiro, arruiná-lo; o outro, ir pessoalmente habitá-lo; e o terceiro, deixar que seus habitantes vivam segundo as leis locais que os regiam anteriormente à ocupação, arrecadando-lhes tributo e criando ali um governo de poucos de modo que esses poucos se conservem seus aliados. Tendo esse governo de poucos sido criado pelo príncipe, esses poucos saberão que não poderão garantir-se sem a amizade e o poder dele; por isso, farão tudo para manter sua posição. Assim é mais fácil manter o domínio sobre uma cidade cujos habitantes estejam habituados a viver livres do que por qualquer outro modo.

Vista panorâmica de Roma (gravura de madeira do frei Jacopo Filippo de Bergonio, 1490)

Sirvam-nos de exemplo os espartanos e os romanos. Os espartanos mantiveram um governo de poucos em Atenas e em Tebas, todavia acabaram por perdê-las. Os romanos, para assegurar sua posse de Cápua, de Cartago e da Numância, arrasaram-nas e não as perderam; tentaram, sem sucesso, governar a Grécia quase como os espartanos, tornando-a livre e permitindo que lá se vivesse sob as leis locais, mas logo viram-se compelidos a destruir muitas cidades, porque na verdade não há garantia de posse mais segura do que a da ruína. Aquele que se torna senhor de uma cidade tradicionalmente livre e não a destrói, acaba sendo destruído por ela. Tais cidades têm sempre por bandeira, nas rebeliões, a liberdade e as antigas leis, das quais não se esquecem nunca, nem com o correr do tempo e nem por influência de benefícios recebidos. Por muito que se faça, quaisquer que sejam as precauções tomadas, se não se promoverem o divisão e a dispersão dos habitantes, estes não esquecerão nem o nome de seu país nem os seus costumes — e, quando se apresentar a ocasião, eles os restabelecerão, como fez Pisa, cem anos depois de estar sob o jugo dos florentinos[142].

Todavia, quando nas cidades ou principados há o costume de se viver sob a família de um príncipe cuja linhagem tenha sido exterminada, os habitantes locais — estando, por um lado, acostumados a obedecer e, por outro, sem o seu antigo príncipe — não são capazes de entrar em acordo para eleger, dentre eles, um novo príncipe e não sabem governar a si mesmos. São, portanto, pouco afeitos a pegar em armas, e com mais facilidade se poderá ganhar a estima desse povo e assegurar sua fidelidade.

[142] Pisa foi dominada pelos florentinos de 1405 até 1494.

No caso das repúblicas, há mais firmeza, maior ódio e mais desejo de vingança; os habitantes locais não deixam e nem podem deixar adormecer a memória da antiga liberdade. Assim, para conservar o poder sobre uma república que se conquista, o caminho mais seguro é desmantelá-la ou ir habitá-la pessoalmente.

Imagem de Florença (pintura de Francisco Ubertini, 1530). Rijksmuseum, Amsterdam

Execução de Savonarola (autor anônimo, século XV). Museu de São Marcos, Florença

Capítulo VI

Dos principados conquistados através das próprias tropas militares e do próprio valor

Que ninguém estranhe o fato de eu utilizar longos exemplos para falar dos principados que sejam inteiramente novos quanto ao príncipe e ao estado. Os homens sempre caminham sobre trilhas já percorridas por outros e imitando as ações de outros. Assim, um homem prudente deve imitar os grandes homens e percorrer os caminhos já percorridos por eles, mesmo que não possam manter-se fielmente nesses caminhos nem imitá-los totalmente. Um homem sábio deve fazer como o arqueiro experiente que, buscando ferir um alvo muito distante e conhecendo bem a capacidade do arco, aponta para uma altura superior à do alvo, não para que a sua flecha chegue a determinada altura, mas sim para que possa atingir seu objetivo. Afirmo então que as dificuldades de se manter o poder sobre um principado inteiramente novo podem ser maiores ou menores; isso depende da maior ou menor competência de quem o tenha conquistado. Quando alguém se torna príncipe, pressupõe-se que isso ocorra devido à competência ou à sorte desse novo príncipe. É portanto evidente que qualquer uma dessas duas qualidades podem abrandar uma parte das muitas dificuldades de conservação da conquista, mas o príncipe que se apóia mais em seu próprio valor do que no favorecimento da sorte consegue manter-se no poder por mais tempo. Também ajuda na manutenção do poder de um novo príncipe o fato de ele ir habitar pessoalmente o novo estado, por não possuir outro. Como exemplo dos que se tornaram príncipes mais por atributo de competência do que pelo favorecimento da sorte, afirmo que os de maior excelência foram Moisés, Ciro, Rômulo e Teseu e outros como eles. Embora não se deva discutir Moisés, por ele ter sido um mero executor das ordens de Deus, devemos admirá-lo em virtude da graça que o fez digno de falar com Deus. Entretanto, considerando Ciro e os outros, que adquiriram ou fundaram reinos, reconheceremos que todos eles são admiráveis. Se considerarmos as condutas e as ações de cada um deles, veremos que elas não nos parecerão discrepantes das de Moisés, que teve tão alto preceptor. Examinando-lhes a vida e as ações, conclui-se que eles receberam da sorte unicamente a oportunidade de poderem moldar as coisas como acharam melhor, porque, sem as oportunidades que tiveram, as suas habilidades não teriam sido aproveitadas e, sem as habilidades deles, as oportunidades teriam sido desperdiçadas. Foi necessário que o povo de Israel estivesse escravizado e oprimido pelos egípcios para que os israelitas se dispusessem a seguir Moisés, querendo libertar-se daquela situação. Foi necessário a Rômulo[143] que não encontrasse refúgio em Alba e tivesse sido abandonado ao nascer, para que se tornasse fundador e rei da pátria romana. Foi necessário que Ciro encontrasse os persas descontentes em relação ao go-

[143] Da lenda da fundação de Roma.

verno dos medas e que estes estivessem muito efeminados e amolecidos por uma longa paz[144]. Teseu[145] não teria podido revelar suas habilidades, se não tivesse encontrado os atenienses desorganizados. Tais eventos, portanto, foram as oportunidades para que esses homens realizassem seus objetivos, mas foi a competência de cada um que fez com que eles aproveitassem as oportunidades, honrando e felicitando suas pátrias.

Gravura em madeira de um livro de guerra impresso em 1521. Ilustra o cerco de Pádua (1509) pela Liga Santa na sua campanha contra Veneza

Aqueles que se tornam príncipes de modo semelhante a esses que acabo de mencionar, conquistam seu principado com pouca dificuldade mas o mantêm com muita facilidade. As dificuldades que enfrentam se devem em parte às novas leis e aos novos costumes que precisam introduzir para fundar seu estado e para assegurar seu poder no governo dele. Deve ser considerado que não há coisa mais difícil de manejar, nem de êxito mais duvidoso, nem mais perigosa de ser conduzida do que tornar-se líder e introduzir novas leis. Isso porque o introdutor de uma nova ordem tem como inimigos todos aqueles a quem a antiga ordem beneficiava e tem como fracos defensores todos aqueles a quem a nova ordem beneficia. Uma parte da fraqueza destes últimos se deve ao medo em relação aos adversários que se viam favorecidos pelas antigas leis; a outra parte se deve à incredulidade dos homens, porque eles não crêem verdadeiramente em coisas novas enquanto não as vivenciam através de uma forte experiência.

[144] Ciro, o fundador do império persa, derrotou os medas no final do século VI a. C..
[145] Da lenda da fundação de Atenas.

Daí resulta que os que te são inimigos, quando têm ocasião de te assaltar, eles o fazem com animosidade enquanto os outros te defendem sem entusiasmo, fazendo-te correr perigo. É necessário, pois, querendo analisar bem esse assunto, vermos se esses inovadores dependem firmemente de si mesmos ou se dependem de outros; isto é, se para conduzir sua obra eles precisam de orações ou se eles têm força. No primeiro caso, os inovadores sempre se dão mal e não conseguem nada; mas, quando dependem de si mesmos e podem forçar, raramente deixam de alcançar êxito. Daí o porquê de os profetas armados vencerem e de os desarmados fracassarem. A natureza dos povos é, além do que eu já disse anteriormente, variada: ao mesmo tempo em que é fácil persuadi-los de uma coisa, é difícil firmá-los na persuasão. Convém, pois, providenciar para que, quando não acreditarem mais, se possa fazê-los crer à força. Moisés, Ciro, Teseu e Rômulo não teriam conseguido fazer os seus povos observarem por muito tempo suas leis se estivessem desarmados. É o que, nos tempos que correm, aconteceu a frei Girolamo Savonarola[146], que fracassou ao tentar introduzir uma nova ordem, porque o povo começou a não acreditar nele e porque ele não tinha meios de sustentar o apoio dos que nele acreditavam e nem de transformar os descrentes em crentes. Homens como esse têm grandes dificuldades para conduzir sua empresa e correm todo tipo de perigo; por isso convém

Retrato de Girolano Savonarola, feito pelo frei dominicano Bartolomeo

[146] Girolamo Savonarola (1452-1498).

Turco, mas que, uma vez conquistado, será mais fácil manter o poder sobre ele. O motivo das dificuldades de se ocupar o estado do Turco é que não se pode esperar que das províncias turcas venha apelo de intervenção e nem que elas se enfraqueçam através de uma rebelião de súditos cujo senhor vive perto deles. Isso se deve às razões que já descrevi, porque, como os ministros do Turco são todos seus escravos e dependentes, eles mais dificilmente podem ser corrompidos mas pouca vantagem se poderia tirar de corrompê-los porque não seriam seguidos pelo povo. Então, quem quiser assaltar o Turco, deve saber que vai encontrar o seu estado unido, e é conveniente que confie mais na própria força do que na desordem alheia. Após vencê-lo, de modo que lhe impossibilite refazer seus exércitos, não restará outra preocupação que não aquela com a linhagem familiar do Turco. Extinta esta, não haverá mais ninguém a quem temer, pois os outros não têm controle sobre o povo. Por fim, se antes da vitória o vencedor nada podia esperar do povo, não deverá temê-lo após a conquista.

Em reinos como o da França, ocorre o contrário: podes com facilidade conseguir aliança com algum dos barões, pois sempre podem ser encontrados alguns descontentes ou gente desejando inovações; estes, pelos motivos que já mencionei, podem abrir caminho para que tu entres naquele reino, facilitando-te a vitória. Mas, depois, para a manutenção da tua conquista, aparecerão inúmeras dificuldades, criadas não só pelos que se sentirão oprimidos por ti, mas também pelos que te ajudaram. Nesse caso, não é suficiente aniquilares a linhagem familiar do antigo príncipe, porque permanecerão contra ti aqueles senhores que se fazem cabeças de novas rebeliões e que, não sendo possível nem contentá-los nem aniquilá-los, te farão perder o estado logo que surja uma ocasião.

que tenham muita competência para superá-los. Mas, vencidas essas dificuldades, tendo já aniquilado os que invejavam suas qualidades, eles começam a ser venerados e se tornam poderosos, seguros, honrados e felizes.

A esses grandes exemplos, quero agora acrescentar um exemplo que é menor mas que em certa proporção é tão válido como os anteriores: o de Hierão de Siracusa. Para de simples cidadão tornar-se príncipe de Siracusa, ele também recebeu da sorte unicamente a oportunidade. Estando oprimidos, os siracusanos elegeram-no para seu capitão, função através da qual adquiriu merecimento para ser feito príncipe. Quando ainda era um cidadão privado, ele disse de si mesmo: "Não me falta nada para reinar, exceto um reino". Assim que se tornou príncipe, ele extinguiu a antiga milícia, organizou uma nova, abandonou as amizades antigas e conquistou novas. Assim, tendo seus próprios amigos e soldados, ele pôde edificar seu estado sobre alicerce sólido. Então custou-lhe mais conquistar do para manter-se como príncipe de Siracusa.

O cardeal de Siena, Enea Sílvio Piccolomini, parte para o concílio da Basiléia. Mais tarde subirá ao trono pontifício em substituição a Calixto III (Afonso Bórgia), tomando o nome de Pio II

Capítulo VII

Dos principados novos que são conquistados através da própria sorte e das milícias de outrem

Os cidadãos da vida privada que se tornam príncipes exclusivamente pelo favorecimento da sorte esforçam-se pouco para isso mas têm de se esforçar muito para manter-se. Não têm nenhuma dificuldade para se tornarem príncipes, porque alcançam essa posição num vôo; as dificuldades surgem depois. Isso ocorre quando um estado é concedido a alguém em troca de dinheiro ou por graça de quem o concede. Assim foi na Grécia, nas cidades da Jônia e do Helesponto[147] em que Dario fez príncipes aos que encarregou de manter sua glória e segurança. O mesmo se deu com aqueles imperadores[148] que antes eram cidadãos da esfera privada e que conseguiram subir ao trono corrompendo soldados, simplesmente apoiados na própria sorte e na vontade de quem lhes concede um estado, que são dois apoios extremamente volúveis, instáveis. Esses imperadores não sabem e não podem manter-se

[147] Helesponto é uma designação antiga do estreito de Dardanelos.
[148] Do império romano.

no trono: não sabem porque, se não são homens de grande engenho e habilidade, é improvável que, tendo antes vivido sempre como cidadãos da vida privada, saibam comandar um estado; e não podem porque não contam com forças que lhes possam ser amigas e fiéis. Governos que surgem tão subitamente, assim como todas as outras coisas da natureza que nascem e crescem muito depressa, não criam raízes suficientemente fortes e longas para sustentá-los; ao sofrer um golpe adverso, se desmantelam. Eles não têm tanta competência como aqueles que lhes concedem o posto de príncipe e também não sabem estabelecer as bases para se sustentarem no poder.

Eu quero agora apresentar dois exemplos: o de um que se esforçou para tornar-se príncipe e o de um que para isso recebeu apenas o favorecimento da sorte. São exemplos bem vivos em nossa memória: Francisco Sforza e César Bórgia. Francisco, um homem que vivia como cidadão da esfera privada, tornou-se duque de Milão através dos devidos meios e com grande esforço, conseguindo depois manter com facilidade o que mediante mil esforços conquistou. Por outro lado, César Bórgia, conhecido popularmente como duque Valentino, adquiriu um estado através da influência do pai, mas sem ela o perdeu, apesar de ter feito tudo que um homem prudente e valoroso deve fazer para fincar firmemente suas raízes em um estado adquirido através do favorecimento da sorte e da milícias de outrem. Como já afirmei, quando não se preparam os alicerces antes, pode-se fazê-lo depois, caso se tenha grande habilidade, ainda que com aborrecimento para o arquiteto e com perigo para o edifício. Se avaliarmos todos os progressos do duque Valentino, veremos que ele fez grandes alicerces para sustentar seu poder. Não julgo que seja supérfluo discorrer a respeito, porque não conheço preceitos melhores para oferecer a um novo príncipe do que os exemplificados nas ações do duque. Se de tais ações ele não pôde tirar proveito, não foi por culpa dele, mas sim por força de extraordinários e extremos reveses da sorte.

Alexandre VI Bórgia, por Ticiano

Desejando Alexandre VI engrandecer o seu filho, tornando-o duque, deparou-se com muitas dificuldades, imediatas e futuras. Por um lado, não achava meio de fazê-lo senhor de algum estado que não fosse estado da Igreja, pois sabia que, caso tentasse apoderar-se de um dos estados da Igreja, o duque de Milão e os venezianos não consentiriam, uma vez que Faenza e Rimino já estavam sob a proteção dos venezianos. Por outro lado, o papa viu as milícias da Itália, justamente aquelas que deveriam servir-lhe, caírem nas mãos daqueles que receavam o fortalecimento do poder papal, ou seja, os Orsini, os Colonna e seus respectivos partidários[149]. Foi-lhe necessário, então, perturbar tal ordem das coisas, desorganizando os estados ligados a essas facções para viabilizar a conquista de um deles. Isso não lhe foi difícil, porque os venezianos, movidos por outras razões, decidiram facilitar a volta dos franceses à Itália, ação à qual Alexandre VI não fez oposição e além do mais tornou-a mais fácil ao dar sua concessão para a dissolução do primeiro matrimônio do rei Luís[150]. O rei entrou, portanto, na Itália com o auxílio dos venezianos e o consentimento de Alexandre. O rei nem bem chegara a Milão quando cedeu ao papa as tropas que logo a seguir

[149] Os Orsini e os Colonna eram duas famílias romanas que tinham milícias mercenárias.
[150] Luís XII.

conquistaram a Romanha. Tendo então o duque Valentino adquirido o ducado da Romanha e batido os Colonna, duas coisas lhe impediam de consolidar essa conquista e alimentar sua ambição por outras: a primeira, as tropas das quais se servia não lhe pareciam fiéis; a segunda, a boa-vontade da França. O duque temia que as tropas dos Orsini das quais se valera impedissem que ele empreendesse novas conquistas e lhe arrancassem até mesmo o que já havia conquistado. Temia também que o rei lhe pudesse fazer o mesmo mal. Com relação aos Orsini, teve a confirmação de suas suspeitas ao notar frieza de suas tropas no assalto a Bolonha. Quanto às intenções do rei, conheceu-as quando invadiu a Toscana, após ter conquistado o ducado de Urbino, e o rei o fez desistir dessa empresa. Diante desses fatos, o duque deliberou não depender mais das tropas e da influência de outrem. Nesse intento, a primeira coisa que fez foi enfraquecer, em Roma, os Orsini e os Colonna; para isso, buscou o apoio dos nobres que eram partidários dessas duas famílias, fazendo-os tornarem-se partidários seus, provendo-lhes bom pagamento e honrando-os, de acordo com as qualidades de cada um, com postos de comando e de governo, de modo que em poucos meses a afeição que haviam nutrido pelos Orsini e pelos Colonna se extinguiu totalmente, passando toda ela para o duque. Em seguida, esperou a ocasião de extinguir os chefes dos Orsini, pois já dispersara os Colonna. Logo que a ocasião se apresentou, o duque soube aproveitá-la. Os Orsini, tendo-se apercebido tarde demais de que o poder do duque e o poder da Igreja trariam a sua ruína, realizaram uma assembléia em Magione, no Perugino, da qual vieram a

Lorenzo, duque de Urbino, (quadro de Bronzino). Palácio Riccardi, Florença

rebelião de Urbino e os tumultos da Romanha, nos quais o duque correu inúmeros perigos, mas ele os superou a todos com o auxílio dos franceses. Daí em diante, tendo readquirido seu prestígio e resolvido a não mais fiar-se na França ou em outras forças externas, ele foi muito astucioso: dissimulou tão bem suas intenções, que os Orsini se reconciliaram com ele, por intermédio do senhor Paulo[151]; o duque não omitiu nenhuma prova de amizade a eles, dando-lhes dinheiro, roupas e cavalos; então eles ingenuamente foram para a Sinigália, onde caíram sob seu poder. Tendo, pois, aniquilado esses chefes e reduzido os antigos partidários deles a partidário seus, o duque conseguira já muito bons alicerces para o seu poder: conquistara toda a Romanha e o ducado de Urbino; parecia-lhe então haver ganho o reconhecimento de todos aqueles povos, que já começavam a desfrutar prosperidade.

Como o que vou contar agora das ações do duque é digno de registro e de imitação, não quero deixar de mencioná-las. Ao apoderar-se da Romanha, ele constatou que ela vinha sendo comandada por fracos senhores, os quais mais espoliavam do que governavam os seus súditos e lhes davam motivo de desunião, pois aquela província estava cheia de latrocínios, de tumultos e de todo tipo de violência. O duque julgou então necessário dar bom governo à Romanha, para torná-la pacífica e obediente ao braço régio. Colocou ali, então, Ramiro de Orco, homem cruel e ativo, ao qual deu plenos poderes. Em pouco tempo, Orco pacificou e uniu a Romanha, alcançando desse modo grande fama. Depois o duque, julgando desnecessário tanto autoritarismo e sabendo que aquelas ações haviam criado ódios contra ele próprio, constituiu um juízo civil no centro da província, com um presidente

[151] Paulo e outros membros da família Orsini formaram na Liga de La Magione contra o duque Valentino.

ilustre e benquisto, no qual cada cidade tinha um representante. Para apagar os ódios e ganhar o apoio do povo, ele quis demonstrar a todos que, se crueldades haviam sido cometidas, não fora da parte dele, mas sim da dureza de caráter do ministro. Em vista disso, fez com que certa manhã, na ocasião que lhe pareceu oportuna, Orca fosse cortado em dois pedaços e exibido em praça pública de Cesena, ao lado de um pedaço de pau e de uma faca ensangüentada. A ferocidade desse espetáculo fez com que o povo ficasse ao mesmo tempo satisfeito e espantado.

Voltemos, porém, ao ponto de onde partimos. Afirmo que o duque se julgava bastante poderoso e relativamente seguro contra os perigos: armou-se como quis, procurou conquistar um império grande o suficiente para resistir por meios próprios a um primeiro ataque e já havia aniquilado a maior parte das forças vizinhas que poderiam ofendê-lo. Restava-lhe o temor em relação ao rei da França, pois sabia que este, tendo muito tarde se apercebido do próprio erro, não ficaria passivo quanto às suas conquistas. Foi por isso que procurou fazer novos aliados e foi por isso também que reagiu com evasivas quando os franceses buscaram e não conseguiram o seu apoio na incursão que fizeram no reino de Nápoles contra os espanhóis que assediavam Gaeta. O duque teria conseguido realizar seu objetivo de fortificar-se contra os franceses caso Alexandre VI não morresse antes disso.

Essa foi a linha de ação do duque em relação às questões que demandaram providências imediatas. Mas em relação ao futuro ele precisava atentar para que um novo sucessor do papa não lhe fosse hostil a ponto de tomar-lhe o que ganhara do pai. Então ele fez quatro coisas: a primeira, extinguir as famílias daqueles senhores aos quais ele havia despojado, pois elas poderiam apelar ao novo papa pelo resgate do que haviam perdido; a segunda, granjear a amizade de todos os nobres de Roma para com auxílio deles não permitir que o novo papa lhe fosse hostil; a terceira, trazer para o seu lado o maior número possível de membros do colégio dos cardeais; a quarta, adquirir, antes que Alexandre morresse, poder suficiente para que pudesse resistir pelos próprios meios a um primeiro ataque. Quando da morte de seu pai, o duque já havia conseguido realizar três dessas quatro coisas. Faltava pouco para ele realizar a quarta. Matara quantos pôde alcançar das famílias dos senhores que ele espoliara, tendo pouquíssimos deles se salvado; obtivera o apoio dos nobres romanos; e conseguira um grande número de aliados dentre os membros do colégio dos cardeais[152]. Quanto à conquista do grande império, porém, havia designado tornar-se senhor da Toscana, já possuía a Perugia e o Piobino e se havia tornado protetor de Pisa. Então, como não tinha mais de temer os franceses (pelo fato de os franceses já terem sido expulsos do reino de Nápoles pelos espanhóis, de modo que a ambos era necessário procurar a amizade do duque), ele tomaria Pisa. Depois Luca e Siena logo cederiam, em parte por ódio aos florentinos, em parte por medo dele; desse modo, os florentinos não teriam salvação. Se tivesse conseguido isso (o que se daria no mesmo ano em que Alexandre morreu), o duque teria conquistado força e prestígio suficientes para manter-se sem depender de favorecimento da sorte ou das milícias de outrem. Mas Alexandre morreu cinco anos depois que o duque desembainhara a espada e deixou-lhe consolidado apenas o estado da Romanha; todos os outros estavam em situação pendente, sob a pressão de dois poderosíssimos exér-

[152] É o colégio dos cardeais que elege os papas.

citos inimigos; além disso, a essa altura o duque já estava morbidamente enfermo. Havia no duque muita combatividade e muito valor; ele bem sabia que os homens deviam ser ou aliados ou exterminados; e os alicerces que estabelecera em tão pouco tempo eram muito sólidos. Não fora a pressão daqueles exércitos e não tivesse ele ficado tão doente, teria vencido qualquer dificuldade. A solidez dos alicerces que fundou ficou comprovada: a Romanha o esperou fielmente por mais de um mês; em Roma, ainda que meio morto, esteve a salvo; embora os Baglioni, os Vitelli e os Orsini tenham ido para lá, não conseguiram sequazes para atacá-lo; e, se não foi possível fazer com que um partidário seu fosse eleito papa, conseguiu pelo menos impedir a eleição de um inimigo. Se já não estivesse doente quando Alexandre morreu, tudo lhe teria sido fácil. Disse-me ele, no dia da eleição de Júlio II, que pensara em tudo que podia acontecer com a morte de seu pai e que para tudo havia encontrado um remédio; somente não previu que estaria muito doente, à beira da morte, quando Alexandre morreu.

Papa Júlio II (coletânea de Arras)

Nas ações do duque, das quais escolhi as que expus acima, não encontro motivo de censura; parece-me, pelo contrário, que se deve propô-lo como imitável a todos os que favorecidos pela sorte e com as armas de outrem ascendem ao poder, porque, sendo ele de ânimo forte e de alta ambição, não podia ter governado de outro modo. Aos seus desígnios se opuseram apenas a brevidade da vida de Alexandre e a sua própria moléstia. Não posso, portanto encontrar exemplos mais recentes do que as ações do duque para quem em seu novo principado julgar necessário garantir-se contra os inimigos, conquistar aliados, vencer, seja pela força ou pela fraude, fazer-se amado e temido pelo povo, ser seguido e reverenciado pelos soldados, aniquilar aqueles que possam ou queiram ofender o novo príncipe, reformar as antigas leis, ser severo e grato, magnânimo e liberal, dissolver uma milícia infiel e criar uma nova, manter amizade de outros reis e príncipes de modo que sejam solícitos em beneficiá-lo e tementes de ofendê-lo. Só é possível censurá-lo quanto à eleição de Júlio como pontífice, que não foi boa para ele, pois, como já afirmei, não podendo fazer papa a quem ele queria, podia ter evitado que fosse eleito quem ele não queria. Não deveria jamais ter consentido no papado de um dos cardeais a quem ele tivesse ofendido ou que, eleito papa, viesse a ficar com medo dele. Pois os homens ofendem ou por sentirem medo ou por sentirem ódio. Dentre aqueles a quem ele havia ofendido estavam, entre outros, o cardeal de San Pietro ad Vincula, o de Colonna, o de San Giorgio, e o cardeal Ascânio; todos os outros, caso se tornassem papas, teriam motivos para temê-lo, com exceção do cardeal de Rouen, cujo poder advinha de ele ter como aliado o reino da França, e dos cardeais espanhóis, por aliança e por compromissos. O duque deveria portanto ter feito com que um espanhol tivesse sido eleito papa ou, caso não pudesse ter feito isso, deveria ter consentido em que o papa fosse o cardeal de Rouen, e não o de San Pietro ad Vincula. Engana-se quem acredita que, por receberem benefícios, as grandes personalidades esquecem as injúrias que sofreram. Errou, portanto, o duque nessa eleição, e esse erro foi a causa de sua ruína definitiva.

Retrato de um cardeal, feito por Rafael. Museu do Prado, Madri

Essencial, Michelângelo

Capítulo VIII

Daqueles que adquiriram um principado através do crime

Há ainda dois modos para um cidadão da vida privada se tornar príncipe que não podem ser totalmente atribuídos ao favorecimento da sorte ou à capacidade. Não devo, portanto, deixar de considerá-los, embora um deles possa ser estudado mais extensamente ao se tratar das repúblicas. Um desses modos é quando se ascende a um principado através de crime e perversidade; o outro é quando um cidadão da vida privada, através do favor de seus concidadãos, se torna príncipe de sua pátria. Discorrerei sobre o primeiro modo através de dois exemplos, um antigo e um moderno, mas sem entrar muito a fundo no mérito desses exemplos, indo apenas até o necessário a quem precisar imitá-los.

O siciliano Agátocles[153] tornou-se rei de Siracusa não somente a partir de sua condição de simples cidadão, mas também de uma posição baixa e abjeta. Desde a infância até a idade adulta, esse homem, o filho de um oleiro, teve uma vida criminosa. Acompanhava as suas maldades de tanta animosi-

[153] Agátocles (361-289 a. C.).

dade e vigor físico que, ingressando na milícia, chegou, por força de seus atos perversos, a pretor de Siracusa. Uma vez constituído nesse cargo, decidiu tornar-se príncipe e garantir-se através de violência e sem dever obrigações pelo que lhe havia sido concedido consensualmente. Nesse intento, acumpliciou-se com o cartaginês Amílcar, que se encontrava com seus exércitos na Sicília. Certa manhã, Agátocles reuniu o povo e o senado de Siracusa, como se fosse deliberar com eles coisas pertinentes à república; então, a um sinal combinado, ordenou a seus soldados matarem os senadores e os mais ricos da população. Mortos estes, apoderou-se do governo daquela cidade e o conservou sem hostilidade dos cidadãos. Os cartagineses chegaram a derrotá-lo duas vezes, acabando por sitiar Siracusa, mas ele conseguiu defendê-la, mantendo ali uma parte de seus homens enquanto pessoalmente, comandando a outra parte deles, assaltou a África; a seguir, em um curtíssimo tempo libertou Siracusa do assédio, reduzindo os cartagineses a uma condição miserável. Estes foram então coagidos a entrar em acordo com Agátocles, deixando-lhe a Sicília e contentando-se com os domínios que possuíam na África. Quem avaliar as ações e a competência de Agátocles verá que pouca ou nenhuma coisa pode ser atribuída à sorte. Como já mencionei, não foi por favor de alguém, mas sim galgando os postos na milícia e passando por inúmeros sacrifícios e perigosos embates que ele conquistou um principado, o qual depois manteve em meio a tantas decisões audazes e perigosas. Não se pode reputar como virtude a matança dos concidadãos, a traição dos amigos, a ausência de fé, de piedade e de religião. Tal modo de agir pode levar à conquista do poder, mas não à glória. Todavia, considerada a capacidade de Agátocles no entrar e sair dos perigos e o seu ânimo no suportar e superar as coisas adversas, não se vê motivos para julgá-lo inferior a qualquer dos mais ilustres comandantes. Por outro lado, a sua feroz crueldade e os seus inúmeros crimes não permitem que ele seja celebrado entre os mais ilustres homens da história. Não se pode, pois, atribuir totalmente à sorte ou à competência esses feitos de Agátocles.

Agora vamos a um exemplo do nosso tempo. Ainda quando Alexandre VI era papa, Liverotto de Fermo, que se tornara órfão ainda menino, foi criado por um tio materno chamado Giovanni Fogliani. Desde o início de sua juventude, Liverotto dedicou-se à vida militar, sob a direção de Paulo Vitelli, a fim de que, afeito àquela disciplina, alcançasse algum alto posto na milícia. Após a morte de Paulo, ele continuou na mesma milícia sob o comando de Vitellozzo, irmão do falecido, e demorou muito pouco tempo para que ele, engenhoso, forte e valoroso, se tornasse o primeiro homem de sua milícia. Todavia, achando coisa servil estar sob ordens de outros, pensou em ocupar Fermo, com a ajuda dos Vitelli e de alguns cidadãos de lá que achavam ser mais vantajosa a servidão do que a liberdade de sua pátria. Escreveu então a Giovanni Fogliani dizendo que, tendo passado muitos anos fora de casa, desejava rever o tio e sua cidade; aproveitaria para dar uma olhada em seu patrimônio; e, porque não se havia esforçado para outra coisa que não fosse conquistar honras, queria ir em grande pompa, acompanhado de cem cavaleiros, seus amigos e servidores, a fim de que os cidadãos de Fermo vissem que ele não gastara seu tempo em vão. Rogou ao tio para que ordenasse aos habitantes da cidade que o recebessem com homenagens, o que representaria uma honra para o tio que o tinha criado. Giovanni não deixou, então, de aten-

César Bórgia. Escola de Giorgione, Museu de Bérgamo

der na menor coisa a essas solicitações; fez com que ele fosse recebido com grandes festas e o alojou, junto com sua comitiva, em sua própria casa; e nessa casa, havendo-se passado alguns dias, com tudo preparado para a execução de seu plano pérfido, Liverotto organizou um soleníssimo banquete, para o qual convidou Giovanni Fogliani e todos os outros homens de maior destaque da cidade de Fermo. Terminados o banquete e os divertimentos da praxe, Liverotto astuciosamente iniciou uma conversa sobre assunto polêmico, falando da grandeza do papa Alexandre, de César Bórgia, seu filho, e dos seus empreendimentos. Giovanni e os outros começaram então a fazer suas considerações sobre o que ele havia dito, até que, em dado momento, Liverotto se levantou e disse que aquilo era coisa que se devia discutir em lugar mais reservado, dirigindo-se em seguida para um aposento ao lado. Todos os outros o acompanharam e acabavam de se sentar quando apareceram ali soldados que estavam escondidos e que mataram Giovanni e todos os outros. Depois desse homicídio coletivo, Liverotto montou a cavalo, percorreu a cidade e assediou o supremo magistrado em seu palácio. Os cidadãos de Fermo, aterrorizados, foram obrigados a obedecê-lo e a formar um governo tendo a ele como o chefe. Tendo sido mortos todos os que por descontentamento poderiam prejudicá-lo, ele reforçou-se por novas leis civis e militares, de modo que, durante o ano em que governou a província, não só conseguiu garantir-se naquela cidade, mas também tornar-se temido por todos os seus vizinhos. E teria sido difícil, assim como aconteceu com Agátocles, alguém tomar-lhe a cidade, se não tivesse sido enganado por César Bórgia, quando este, como já relatei, assaltou os Orsini e os Vitelli na Senigália; foi aí que, um ano depois de haver cometido o parricídio, Liverotto foi estrangulado juntamente com Vitellozzo, que fora o mestre de suas habilidades e ignomínias.

Pode surpreender alguém que Agátocles e outros similares a ele, após tantas traições e crueldades, tenham conseguido viver tranqüilamente e a salvo em sua pátria, defendendo-se de inimigos externos e sem sofrer conspirações por parte dos cidadãos, ainda mais considerando-se que muitos outros não

César Bórgia, doente, sendo carregado. (pintura de Giuseppe-Lorenzo Gatteri, 1877). Museu Cívico Rivotello, Trieste

Lucrécia Bórgia, filha do papa Alexandre VI, um vulto feminino do Renascimento, tornou-se símbolo de crime e depravação para os inimigos da família Bórgia

conseguiram, devido a sua crueldade, seja em tempos de paz, seja em tempos duvidosos de guerra, conservar o mando. Creio que isso se deva a crueldades mal-empregadas e a crueldades bem-empregadas. Bem-empregadas (se é que se pode dizer bem do mal) são aquelas que são feitas de uma só vez, pela necessidade de prover a segurança de quem a pratica, e depois são postas à margem, sendo transformadas o mais possível em vantagem para os súditos. Mal-empregadas são aquelas que, embora inicialmente sejam poucas, não são interrompidas e, em vez disso, crescem com o tempo. Os que empregam bem a crueldade podem, com a ajuda de Deus e dos homens, encontrar remédio para as conseqüências dela, como aconteceu com Agátocles. Aos outros, é impossível manter-se. A esse respeito, é preciso observar que, ao apoderar-se de um estado, o conquistador deve determinar as injúrias que precisa levar a efeito e executá-las todas de uma só vez, para não ter que renová-las dia após dia, porque assim poderá incutir confiança nos homens e conquistar-lhes apoio através de benefícios. Quem age diferente, devido a timidez ou a maus conselhos, precisa sempre estar com a faca na mão, sem nunca poder confiar em seus súditos, e estes não podem confiar nele, por causa das contínuas injúrias. Injúrias devem ser praticadas todas de uma vez, de modo que sendo menos vezes sentidas elas ofendam menos; e benefícios devem ser concedidos pouco a pouco, de modo que o sabor deles seja mais bem-apreciado. E um príncipe deve, acima de tudo, viver com seus súditos de modo que nenhuma surpresa má ou boa o faça mudar de atitude, porque, se alguma surpresa lhe trouxer tempos adversos, não mais terá tempo de empregar crueldade, e nem os benefícios que conceder farão com que os beneficiados se sintam obrigados para com ele, porque eles julgarão ser essa uma ação forçada.

Vestimentas de Florença do século XV

Capítulo IX

Do principado civil

Quando um cidadão se torna príncipe de seu país através do favorecimento dos concidadãos que são partidários dele, e não por meio de crueldades ou qualquer outra intolerável violência, temos o que pode ser chamado de principado civil. Para chegar a príncipe, esse cidadão não depende totalmente nem de sua competência, nem de ser favorecido pela sorte; ele precisa sobretudo ter uma astúcia afortunada.

Para tornar-se chefe de um principado civil, é necessário ou o favorecimento do povo ou o dos poderosos. Em todas as cidades há essas duas tendências diversas, devido ao fato de que o povo não deseja ser governado nem oprimido pelos poderosos e de que estes desejam governar oprimindo o povo. Desses dois apetites diferentes, nasce nas cidades um destes três efeitos: governo, liberdade ou desordem.

O governo é estabelecido ou pelo povo ou pelos grandes. Isso depende da oportunidade que cada um desses partidos. Os grandes, percebendo que não podem resistir ao povo, prestigiam um dentre eles e o fazem príncipe, para que, sob a sombra deste, possam satisfazer seus apetites. Os do povo também, vendo que não podem resistir aos grandes, dão prestigio a alguém que elegem príncipe para que com essa autoridade os defenda. Aquele que chega a príncipe com a ajuda dos poderosos se mantém com mais dificuldade do que aquele que é eleito pelo povo. O eleito pelos poderosos fica rodeado por muitos elementos que se consideram seus iguais e não pode dirigi-los nem dar as ordens que deseja; em contrapartida, o que se torna príncipe através do povo fica isolado, ou não tendo ninguém ao seu lado ou tendo alguns poucos despreparados para obedecer as ordens dele. Não é possível verdadeiramente satisfazer a vontade dos poderosos sem causar injúria aos outros, mas o povo pode ser satisfeito; o objetivo do povo é mais honesto do que o objetivo dos poderosos; estes querem oprimir; o povo deseja não ser oprimido. Contra a hostilidade dos do povo, o príncipe não pode garantir-se nunca, porque são muitos, mas é possível garantir-se contra os poderosos, porque são poucos. O pior que um príncipe pode esperar da hostilidade do povo é que este o abandone, mas da inimizade dos grandes deve temer que, além de abandoná-lo, eles o ataquem; eles enxergam mais longe, são mais astuciosos, sempre têm suas salvaguardas e no jogo de forças procuram aproximar-se do provável vitorioso. O príncipe precisa sempre assegurar os apoios do povo, mas, quanto aos apoios dos poderosos, ele pode, a qualquer momento e à sua própria vontade, dar ou retirar poder deles, fazendo com que ganhem ou percam prestígio.

Para esclarecer melhor esta parte, classifico os poderosos em principalmente dois tipos: ou se obrigam para contigo, pautando todas suas ações de modo a se aliarem ao teu destino, ou não. Deves respeitar os que se obrigam para contigo e não são rapinantes. Os que não procedem assim devem ser examinados sob dois aspectos: quando não se obrigam para contigo por pusilanimidade e defeito natural de caráter, deves servir-te deles, especialmente se te podem dar bons conselhos, porque, em tempos felizes, isso te honrará e, nos adversos, nada terás que temer; todavia, quando não se obrigam para contigo deliberadamente e por ambição, é sinal de que pensam mais em si próprios do que em ti, e deves, portanto, precaver-te contra eles e temê-los como se fossem inimigos descobertos, porque na adversidade eles sempre ajudarão a te arruinar.

Então, quem se torna príncipe mediante o favorecimento do povo, deve manter-se amigo do povo, e isso é muito fácil porque os do povo desejam apenas não ser oprimidos. Quem se torna príncipe contra a opinião do povo e através do favorecimento dos poderosos deve, antes de mais nada, procurar conquistar apoio do povo, o que se consegue facilmente fazendo com que o povo se sinta protegido. Devido ao fato de os homens, quando recebem benefícios de quem somente esperavam mal, se obrigarem ainda mais para com o benfeitor, os do povo, quando assim beneficiados, logo tornam-se mais amigos desse príncipe do que se ele tivesse sido levado ao poder por favorecimento deles. E um príncipe pode conseguir isso de muitas maneiras, das quais não se possa traçar uma regra certa porque elas variam conforme as circunstâncias. Apenas concluirei que é necessário a um príncipe que o povo lhe vote amizade; do contrário, fracassará nas adversidades.

Nábis, príncipe dos espartanos, suportou o longo assédio de toda a Grécia e de um exército romano poderosíssimo, defendendo sua pátria e seu estado contra eles. Quando o perigo sobreveio, bastou-lhe contar com poucos, o que não teria ocorrido se o povo fosse seu inimigo. E àqueles que discordam dessa minha opinião, baseados naquele velho provérbio segundo o qual quem se apóia no povo tem alicerces de barro, direi que esse provérbio se aplica quando se acredita que o povo possa servir de salvaguarda e ajude um príncipe quando este estiver, por acaso, oprimido por

Trajes utilizados na Florença do século XV. Os vestidos possuíam longas caudas em desafio às leis suntuárias

inimigos ou por magistrados. Nesse caso, são freqüentes os enganos, como aconteceu com os Graco, em Roma, e com *messer*[154] George Scali, em Florença. Tratando-se, porém, de um príncipe que se apóie no povo, saiba comandá-lo e seja homem de coragem, que não se abata nas adversidades, que não se esqueça das outras precauções e que tenha com seu próprio valor e conduta incutido confiança no povo, jamais será enganado por este e terá construído bons alicerces.

Tais principados correm perigo quando estão em processo de mudança de governo civil para absoluto porque nesse caso são comandados pelo príncipe pessoalmente ou através de magistrados. Quando há a intermediação dos magistrados, o poder do príncipe é precário e pouco seguro, porque depende totalmente da vontade dos cidadãos que se tornaram magistrados, os quais, principalmente em tempos adversos, podem com grande facilidade arrebatar do príncipe o estado, através de intrigas ou de luta armada; em meio a tumultos, esse príncipe não pode exercer sua autoridade absoluta porque os cidadãos e os súditos, habituados a seguir as ordens dos magistrados, não estão acostumados a obedecê-lo e porque em tempos inseguros há

[154] *Messer*, título honorífico que era dado a juízes e outras personalidades importantes.

escassez de homens nos quais se pode confiar. Tal príncipe não pode basear-se no que ocorre em tempos de calmaria, quando os cidadãos necessitam e aceitam a existência do estado; nesses tempos todos prometem fidelidade ao príncipe e, enquanto a morte está distante, não há quem não queira morrer por ele, mas em tempos tortuosos, quando o estado necessita dos cidadãos, o príncipe fica sem poder contar com praticamente ninguém, a não ser uns poucos. E essa experiência é tão perigosa, que um príncipe não consegue passar por ela a não ser uma única vez. Por isso tudo, um príncipe prudente deve conceber seu governo de modo que os cidadãos sempre necessitem dele e do seu estado, porque somente desse modo eles lhe serão sempre fiéis.

O Mercado Velho, tendo-se ao fundo a Colonna della Abbondanza, em 1428. O mercado foi depois demolido, dando lugar à Praça da República

Florença em 1490. Museu de Florença

Capítulo X

De que modo se devem medir as forças de todos os principados

É conveniente que ao analisar um principado façamos ainda uma outra consideração: o príncipe realmente tem um estado forte o suficiente para, em caso de necessidade, defender seu estado por seus próprios meios ou ele precisa do auxílio de outros para isso? Eu me refiro aos príncipes que são capazes de se defender pelos próprios meios e que podem, por disporem de abundância de homens ou de dinheiro, formar um exército forte o suficiente para enfrentar em batalha qualquer um que venha a assaltá-lo, e também aos príncipes que sempre dependem de outrem para isso, por não terem condições de enfrentar o inimigo em campo aberto e precisarem refugiar-se por trás de muros para poder defender-se. Já discorri sobre o primeiro caso, mas oportunamente ainda farei alguma consideração sobre ele. Quanto ao se-

Cerco a uma cidade

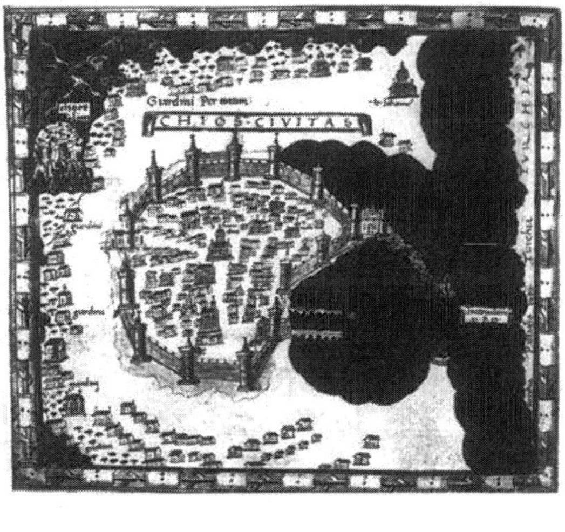

gundo caso, não se pode fazer outra coisa a não ser sugerir que tais príncipes fortifiquem e municiem sua própria cidade, sem se preocuparem com o resto do território; mesmo que tenham fortificado bem sua cidade e se tenham conduzido, em relação aos governados do modo como já descrevi anteriormente e do qual ainda falarei, nunca são atacados sem que o inimigo aja com grande cautela. Os homens sempre evitam investir em cartadas arriscadas, e não é fácil assaltar a quem possui uma cidade bem-fortificada e não é odiado pelo povo.

As cidades da Alemanha são extremamente livres, têm pouco território e obedecem ao imperador quando querem; não temem nem a ele nem a qualquer outro poderoso que lhes esteja ao redor, pois estão fortificadas o suficiente para impor respeito a quem queira expugná-las, tarefa que seria difícil e extenuante. Todas elas possuem boa artilharia, e há em seu redor fossos e muros adequados. Armazenado nos celeiros públicos, há sempre o necessário para comer, beber e fazer fogo durante um ano; e, para que os da plebe vivam sem prejuízos para o estado durante um ano, eles podem sustentar-se trabalhando nas atividades essenciais à vida da cidade. Além disso, nelas os exercícios militares têm muito prestígio e são muito bem-organizados.

Uma cidade sendo tomada durante a Guerra dos Cem Anos

Portanto, fortificando bem sua cidade e não se fazendo odiado, um príncipe não pode ser atacado; se alguém tentar fazer isso, vai retirar-se envergonhado; além disso, as situações mudam tanto, que é quase impossível que alguém permaneça parado durante um ano a assediá-lo. Se alguém replicar, dizendo que o povo perderia a paciência ao ver suas propriedades que ficam fora da cidade sendo queimadas e que o longo assédio e os interesses particulares dos súditos fariam estes abandonarem seu príncipe, eu responderia que um príncipe corajoso e forte sempre pode superar tais dificuldades, ora dando aos súditos a esperança de que o mal não vai prolongar-se, ora incutindo-lhes que devem temer a crueldade do inimigo e também precavendo-se cuidadosamente contra aqueles que parecerem muito temerários. Além do mais, é previsível que o inimigo incendie e arruíne o país logo na sua chegada, quando o ânimo do povo ainda está quente e decidido a se empenhar na defesa; e após isso o príncipe vai ter dia após dia cada vez menos a temer, porque os ânimos se arrefecem, os danos já terão sido sofridos e não há mais remédio; diante disso, os súditos se unem ainda mais ao príncipe, parecendo-lhes que ele tenha contraído uma dívida para com eles, cujas casas e propriedades terão sido arruinadas em defesa dele. É da natureza dos homens valorizar tanto os benefícios que fazem como os que recebem. Portanto, se tudo for bem-considerado, não é difícil, para um príncipe prudente controlar o ânimo do seu povo durante um cerco, desde que não lhe faltem os víveres ou os meios de defesa.

A partida de Eneas Silvio Piccolomini, futuro Pio II para o Concílio de Basiléia, em 1502 (afresco de Pinturicchio). Biblioteca Piccolomini, Catedral de Siena

Capítulo XI

Dos principados eclesiásticos

Agora só está faltando tratar dos principados eclesiásticos; todas as dificuldades sucedem antes da conquista, porque esses principados são adquiridos ou por habilidade ou por favorecimento da sorte, e não é preciso nem de habilidade, nem de favorecimento da sorte para mantê-los, porque se alicerçam nos costumes tradicionais da religião; essas instituições religiosas têm muita força e qualidade para sustentar seu príncipe à frente de um estado, seja como for que nesses principados se viva ou proceda. Somente tais príncipes têm estados mas não os defendem e têm súditos mas não os defendem. Nesse tipo de principado, os estados, embora indefesos, não são arrebatados; e os súditos não se importam pelo fato de não serem governados, porque não tentam e nem conseguiriam alijar o príncipe. Portanto somente esses principados são seguros e felizes; mas como as razões que governam esses estados são superiores e a mente humana não pode alcançá-las, eu deixarei de comentá-las porque elas são exaltadas e mantidas por Deus, e seria ofício de homem presunçoso e temerário discorrer sobre elas. Todavia alguém poderia me perguntar por que a Igreja conseguiu adquirir tanto poder temporal, uma vez que até o papado de Alexandre VI os potentados italianos (e não somente os potentados, mas todos os barões ou senhores, ainda que insignificantes) pouca importância davam ao poder temporal da Igreja. Agora até um rei da França treme diante desse poder, pois o papa conseguiu expulsá-lo da Itália e arruinar os venezianos, fato que, embora muito conhecido, não é inoportuno relembrar.

Antes de Carlos[155], rei da França, invadir a Itália, ela estava sob o império do papa, dos venezianos, do rei de Nápoles, do duque de Milão e dos florentinos. Esses governos deviam ter tido dois cuidados principais: um, não permitir que o forasteiro tivesse entrado na Itália com tropas; o outro, que nenhum deles tivesse ocupado mais estados. Aqueles que mais inspiravam preocupação eram o papa e os venezianos. Para conter os venezianos, devia ter havido a união de todos os outros, como ocorreu na defesa de Ferrara. Para manter fraco o poder do papa, havia a luta entre os barões de Roma, que, divididos em duas facções, a dos Orsini e a dos Colonna, sempre tinham pretexto para desordens, sempre com armas em punho sob os olhos do próprio pontífice, mantendo fraco e inseguro o pontificado até mesmo quando era eleito um papa resoluto, como Xisto[156], cuja sorte e saber não bas-

Papa Xisto IV (afresco de Melozzo de Forli). Biblioteca do Vaticano

[155] Carlos VIII.

[156] Xisto IV, nome que Francisco della Rovere (1414-1484) recebeu ao ser eleito papa em 1471.

Papa Xisto IV (quadro de Tiziano). Galeria dos Uffizi, Florença

taram para livrá-lo dessa dificuldade. Por outro lado, a causa da fraqueza do pontificado também estava ligada à brevidade de duração dos papados, de dez anos em média: cada papa, à custa de muito esforço, chegava a submeter uma das facções, mas quando, por exemplo, conseguia quase aniquilar a facção dos Colonna, seguia-se um outro papa, inimigo dos Orsini, que fazia reerguerem-se os Colonna mas não chegava a destruir os Orsini em seu também breve papado. Por isso a força temporal dos papas era tão pouco respeitada na Itália. Então surgiu Alexandre VI, que como nenhum pontífice anterior a ele mostrou como um papa podia impor-se pelo dinheiro e pela força: valendo-se do duque Valentino e por ocasião da invasão da Itália pelos franceses, ele fez todas as coisas que já descrevi ao discorrer sobre as ações do duque. Embora o intento de Alexandre não fosse o engrandecimento da Igreja mas sim o do duque, tudo que ele fez resultou no fortalecimento da Igreja, pois após a morte dele e a do duque a Igreja foi a herdeira dos esforços de Alexandre. Vindo depois, Júlio[157] conservou para Igreja a posse de toda a Romanha, manteve impotentes os barões de Roma cujas facções

[157] O papa Júlio II sucedeu, em 1503, a Pio III, que nesse mesmo ano sucedera Alexandre VI. O papado de Pio III durou apenas sessenta dias.

Leão X
(pintura a óleo
de Rafael).
Galleria dos
Uffizi, Florença

haviam sido anuladas por Alexandre e também encontrou o caminho aberto para acumular dinheiro, de um modo nunca antes praticado antes do tempo de Alexandre.

E Júlio não só se dedicou a manter essas conquistas. Ele quis conquistar mais, e decidiu apossar-se da Bolonha, liquidar os venezianos e expulsar os franceses da Itália, alcançando êxito em todos esses intentos e com muito crédito para si, porque tudo que fez foi para fortalecer a Igreja, e não por algum interesse particular dele. Manteve os partidários dos Orsini e os dos Colonna do jeito que os encontrou. Embora entre as duas facções houvesse algum chefe querendo mudar essa situação, duas coisas as detiveram: uma delas, o poderio da Igreja, que as intimidava; a outra, o fato de elas não terem seus cardeais[158], porque estes, movidos por suas próprias ambições, fortaleceriam cada uma delas em Roma e fora dela, fomentando tumultos entre as duas e obrigando os barões a defendê-las. Então Sua Santidade o papa Leão[159] herdou esse pontificado poderosíssimo, e se espera que, tendo os papas anteriores fortalecido a Igreja através das armas, a bondade e as infinitas virtudes dele o façam ainda maior e venerado.

[158] Isto é, eles não tinham mais partidários entre os membros do colégio de cardeais da Igreja.

[159] Leão X, nome recebido por Giovanni de Médici (1475-1521) ao se tornar papa em 1513, ano em que Maquiavel escreveu *O príncipe*.

John Hawkwood, ou Giovani Acuto, comandante de tropas mercenárias na Itália (afresco de Paulo Uccello, 1436). Catedral de Florença

Capítulo XII

Dos tipos de milícia e dos tipos de soldado mercenário

Já comentei pormenorizadamente sobre cada um dos tipos de principado, avaliando as causas das qualidades e dos defeitos de cada um e mostrando de que modos eles podem ser conquistados e conservados. Falta-me agora tratar, de um modo geral, dos meios de ataque e de defesa necessários para cada um deles.

Já afirmei que um príncipe deve estabelecer bem os alicerces necessários para ele conservar-se no poder e não se arruinar. Nos principados novos, nos antigos e nos mistos, os melhores alicerces são as boas leis e as boas milícias. Como as leis não podem ser boas onde as milícias não são boas, e como onde as milícias são boas convém que as leis sejam boas, vou deixar de lado a discussão sobre as leis e falarei das milícias.

Para defender seu estado, os príncipes empregam ou suas próprias milícias, ou milícias mercenárias, ou milícias auxiliares[160], ou milícias mistas. As mercenárias e as auxiliares são inúteis e

[160] Milícias auxiliares são tropas militares enviadas por um estrangeiro para defender um príncipe.

perigosas. Não estará seguro nem tranqüilo aquele cujo estado depender de milícias mercenárias, porque elas são desunidas, ambiciosas, indisciplinadas e infiéis. Elas são ousadas entre os amigos, mas são covardes perante os inimigos; não temem a Deus e não são leais aos homens. Com tais milícias a defendê-lo, um príncipe encontra a própria ruína logo ao primeiro ataque inimigo. Em tempo de paz, o príncipe é espoliado pelos soldados mercenários; quando vem a guerra, quem o espolia são os inimigos. O único amor, a única motivação que os soldados mercenários têm para fazer seu serviço é uma pequena paga, insuficiente para eles darem suas vidas pelo príncipe. Querem muito ser teus soldados em tempo de paz, mas quando vem uma guerra eles fogem ou te abandonam.

Cavaleiros. Biblioteca de Arte Bridgeman

Não preciso esforçar-me muito para comprovar as afirmações que acabo de fazer. A ruína em que a Itália se encontra agora deve-se ao costume de nela se empregarem, desde há muito tempo, milícias mercenárias. Enquanto estas combateram umas contra as outras, chegaram a parecer valentes e prestaram bons serviços a alguns, mas bastou o primeiro ataque externo para os mercenários revelarem o que são: foi facílimo para Carlos[161], rei da França, conquistar a Itália inteira com um giz[162]; e aqueles que dizem que fomos invadidos devido aos nossos

[161] Carlos VIII.

[162] Sobre a falta de resistência dos italianos, o papa Alexandre VI chegou a dizer que "ao invadir a Itália os franceses precisaram apenas de um giz para marcar seus acampamentos, e não de espadas para combater".

pecados estão corretos, sim, mas não quanto aos pecados que imaginam; os pecados foram cometidos e pagos pelos príncipes que empregaram milícias mercenárias.

Desejo ainda prosseguir tratando desse assunto para demonstrar-te mais claramente a infelicidade de se depender de milícias mercenárias. Os capitães mercenários ou são competentes ou não, no exercício de sua profissão. Quando são competentes, não te podes fiar neles, pois sempre buscam a glória deles próprios, prejudicando a ti, que és o patrão, e prejudicando a outros contra a tua vontade. Quando eles são incompetentes, por isso mesmo te arruínam.

Alguns podem questionar-me, dizendo que qualquer milícia, mercenária ou não, age da mesma maneira. A esses, digo que as milícias de um estado devem ser comandadas ou pelo monarca ou pelo poder republicano. O monarca deve colocar-se pessoalmente à frente de suas tropas; ele é que deve ser o capitão. O poder republicano deve escolher um de seus cidadãos para esse posto; caso a escolha seja infeliz, o capitão deve ser substituído; se, porém, o escolhido mostrar-se competente, a república deve garantir-se para que ele não exorbite de suas funções. É mais difícil alguém chegar ao poder absoluto em uma república que tem milícias próprias do que em uma cujas milícias são mercenárias. A experiência nos ensina que os monarcas e os poderes republicanos sustentados por suas próprias milícias alcançam grandes progressos e que os que empregam tropas mercenárias sofrem somente danos.

Roma e Esparta mantiveram-se livres durante muitos séculos com o apoio de milícias próprias. Os suíços têm milícias muito bem-armadas e são libérrimos. Por outro lado, os cartagineses foram molestados por seus soldados mercenários logo após o final de sua primeira guerra contra os romanos, embora tivessem cidadãos de Cartago no comando de suas milícias. Os tebanos, tendo morrido Epaminondas, fizeram Filipe da Macedônia o capitão de suas milícias, mas depois da vitória este lhes tolheu a liberdade[163]. Os milaneses, após o morte do duque Filipe[164], pagaram a Francisco Sforza para atacar os venezianos, e Francisco, após vencer os venezianos em Caravaggio[165], juntou-se aos vencidos para molestar os milaneses, seus patrões. O pai de Francisco[166], a serviço da rainha Giovanna de Nápoles[167], deixou-a sem milícia, motivo por que ela foi obrigada a lançar-se aos braços do rei de Aragão para não perder o reino.

É verdade que os venezianos e os florentinos chegaram a aumentar seu império à custa de armas mercenárias, quando foram defendidos por seus capitães e não permitiram que estes se tornassem príncipes.

No caso dos florentinos, estes foram favorecidos pela sorte. Dentre os capitães mercenários que, por serem competentes, os florentinos precisavam temer após as conquistas, houve os que não venceram, os que sofreram a oposição de capitães rivais e os que dirigiram sua ambição para outros rumos. Giovanni Aucut[168] foi um desses que não venceram, cuja fidelidade não pôde por isso mesmo ser testada, mas, se ele tivesse vencido, não há dúvida de que os florentinos teriam ficado sob o jugo dele. Os Sforza[169] sempre tiveram contra si os Braccio; Francis-

[163] Filipe da Macedônia tomou Tebas em 346 a. C.
[164] Filipe Maria Visconti, que morreu em 1447.
[165] Em 1448.
[166] Muzio Attendolo Sforza, fundador da dinastia dos Sforza.
[167] Giovanna II (1414-1435), que teve de travar uma guerra pela sucessão do trono do reino de Nápoles.
[168] Nome italiano de John Hawkwood, inglês que em 1390, combatendo por Florença, teve de bater em retirada diante das forças do duque milanês Giovanni Galeazzo Visconti.
[169] Referência tanto a Francisco Sforza quanto ao pai dele.

co cobiçou a Lombardia, e Braccio[170] voltou-se contra a Igreja e o reino de Nápoles. Pouco tempo atrás, os florentinos contrataram Paulo Vitelli, homem prudentíssimo que, vindo da vida privada, alcançou grande prestígio; caso ele tivesse conquistado Pisa, ninguém duvidava de que ele iria submetê-la porque os pisanos não teriam meios para enfrentá-lo se ele passasse para o lado dos inimigos.

Giovanni, comandante de tropas mercenárias (óleo de autor desconhecido), séc. XVI

Os venezianos, por sua vez, viveram gloriosos e seguros enquanto fizeram guerra pelos próprios meios, com seus nobres e seu povo armados lutando valorosamente. Mas, quando decidiram empreender conquistas em terra firme, eles deixaram de lado esse valor e passaram a imitar os costumes de guerra vigentes na Itália. No início das lutas em terra, por gozarem de grande reputação e por ainda não possuírem muito território, não tinham muito o que temer de seus capitães. Eles foram perceber seu erro após ter conseguido ampliar seus domínios tendo Carmignola[171] como seu capitão. Haviam visto nele um valoroso capitão quando ele comandou a vitória contra o duque de Milão, mas depois disso notaram que ele passou a desinteressar-se pelas coisas de guerra e que por isso seria incapaz de dar-lhes mais vitórias. Diante disso, não quiseram

[170] Braccio da Montone, senhor da Perúgia.

[171] Francisco Bussone, o conde de Carmignola.

nem puderam dispensá-lo do posto de capitão para não perderem o que haviam conquistado; assim, para se garantirem contra ele, precisaram matá-lo. Depois disso, no posto de capitão eles tiveram Bartolomeu de Bérgamo[172], Roberto de São Severino[173], o conde de Pitigliano[174] e outros similares, aos quais não precisaram temer por suas vitórias, mas sim por suas derrotas. Uma dessas derrotas foi a de Vailá, na qual em um só dia os venezianos perderam o que haviam conquistado com muito esforço ao longo de oitocentos anos. Daí se vê que milícias mercenárias produzem apenas conquistas lentas, tardias e débeis ao lado de perdas súbitas e espantosas.

Após esses exemplos de emprego de milícias mercenárias, continuarei a discutir esse assunto sob um aspecto mais geral, de modo que a origem e a evolução desse erro sejam conhecidas o suficiente para que possamos corrigi-lo. Nos últimos tempos, vimos que o império começou a desfazer-se na Itália, que o papa adquiriu muito prestígio pelo aumento de seu poder temporal e que a Itália se dividiu em muitos estados. Isso se deu porque muitas das maiores cidades pegaram em armas contra seus nobres, porque estes, favorecidos pelo imperador, as oprimiam enquanto a Igreja as favorecia com o objetivo de aumentar seu poder temporal; em várias outras, simples cidadãos particulares se tornaram príncipes. Foi assim que quase que toda a Itália foi para as mãos da Igreja e que algumas de suas cidades se tornaram repúblicas; e os padres e os cidadãos, como não estavam habituados a lidar com tropas armadas, começaram a pagar forasteiros para fazer esse serviço.

172 Bartolomeo Colleoni (1400-1476).

173 Ruperto da San Severino (1418-1487).

174 Niccoló Orsini (1442-1510), que foi derrotado ao comandar as armas venezianas na aldeia de Vailá.

O primeiro que alcançou prestígio comandando esse tipo de milícia foi o romanhês Alberigo de Cônio[175], e este serviu de modelo para, entre outros, Braccio e Sforza, os quais em seus tempos chegaram a ser árbitros da Itália. Depois destes, vieram todos os outros que têm comandado essas milícias até os nossos dias. Essas milícias foram a causa de a Itália ter sido invadida por Carlos[176], pilhada por Luís[177], oprimida por Fernando[178] e vituperada pelos suíços.

O principal intento desses comandantes mercenários tem sido o de aumentar o prestígio deles próprios e diminuir o da infantaria. Agiram assim por não terem pátria e por dependerem de seu ofício para manter-se; não lhes bastaria uma infantaria pouco numerosa e não teriam como sustentar uma infantaria muito numerosa. Então eles reduziram suas milícias quase que exclusivamente à cavalaria, porque assim puderam formar suas tropas com menor número de homens e, conseqüentemente, com menos gastos. Isso chegou ao ponto de em um exército de vinte mil homens não haver dois mil infantes.

Além disso, tais capitães costumam usar artifícios para afastar de si e dos soldados o medo e o trabalho: nos combates os mercenários se poupam, fazendo-se prender e depois libertando uns aos outros sem pagamento de resgate; não cercam os acampamentos com estacadas ou fossos; à noite, os que estão acampados não atacam os que estão nas cidades, assim como estes não atacam àqueles; e não combatem no inverno. Todas essas coisas são permitidas no código militar deles, o qual serve apenas para que se livrem, como já afirmei, do trabalho e dos perigos. Por isso eles têm conduzido a Itália à escravidão e à infâmia.

[175] Alberigo de Barbiano (1344-1409), conde de Cônio.

[176] Carlos VIII.

[177] Luís XII.

[178] Fernando o Católico, de Aragão.

O reencontro de Luís XI com Carlos o Intrépido

Capítulo XIII

Das milícias auxiliares das mistas e das nativas

As tropas auxiliares, que não passam de milícias inúteis, são as que algum poderoso manda em teu auxílio, como fez em tempos não muito remotos o papa Júlio. Após sua infeliz experiência com suas milícias mercenárias na expedição contra Ferrara, optou por usar milícias auxiliares. Fez um acordo com Fernando, rei da Espanha, segundo o qual este deveria auxiliá-lo com sua gente e seu exército[179]. Tais milícias podem ser úteis e boas, mas quase sempre acarretam prejuízos a quem as solicita: em caso de derrota, o acordo se desfaz, mas em caso de vitória o solicitante se torna prisioneiro delas. Muito embora a história antiga esteja cheia de exemplos assim, não quero abandonar esse do papa Júlio II, que é muito recente. Abandonar-se nas mãos de forças externas, só pela vontade de tomar Ferrara, não pode ser considerada uma boa decisão. Mas a sorte dele originou um terceiro acontecimento, que o livrou de colher os frutos da sua má decisão: as forças auxiliares foram derrotadas em Ravena, mas surgiram os suíços,

[179] Acordo feito em 1510 entre Júlio II e Fernando o Católico.

que expulsaram os vencedores[180], fato que excedeu qualquer expectativa do papa e de outros, pois ele nem caiu prisioneiro dos inimigos, que haviam fugido, nem dos seus aliados, acabando por vencer com o emprego de outras forças que não as próprias.

Os florentinos, não possuindo nenhuma tropa armada, empregaram dez mil franceses[181] para atacar Pisa, atitude que acarretou perigo maior do que em todas as campanhas militares que haviam empreendido antes disso. O imperador de Constantinopla, para opor-se aos seus vizinhos, pôs dez mil turcos na Grécia, os quais, terminada a guerra, não mais quiseram partir, o que foi o começo da servidão da Grécia aos infiéis[182].

Valha-se, portanto, de tropas auxiliares quem não quiser vencer, porque elas são muito mais perigosas do que as mercenárias. Com aquelas a ruína é certa, porque são unidas e inteiramente dedicadas a obedecer seus comandantes. Por outro lado, depois da vitória as forças mercenárias precisam de mais tempo e de melhor oportunidade para te prejudicar, porque és tu quem as demanda e paga e porque elas não formam um corpo perfeitamente unido; nesse tipo de milícia, se constituíres como chefe um terceiro, este não irá tão cedo deter autoridade suficiente para te ofender gravemente. Em suma, o perigo das milícias mercenárias está em sua covardia; o das auxiliares, em sua eficiência.

Os príncipes prudentes sempre repeliram tais milícias e sempre se valeram de suas próprias, preferindo perder com estas a vencer com auxílio daquelas, considerando falsa a vitória conquistada com forças alheias. Não deixarei nunca de ter em mente o

[180] Os franceses foram derrotados pelos mercenários suícos de Júlio II em 1512.
[181] Soldados fornecidos por Luís XII para o ataque dos florentinos a Pisa em 1500.
[182] O imperador João Cantacuzene aliou-se com o sultão Orchan em 1346, para combater os Paleólogos.

exemplo de César Bórgia e suas ações. Esse duque entrou na Romanha à custa de milícias auxiliares, conduzindo tropas francesas, com as quais tomou Ímola e Forli. Como essas tropas não lhe inspiravam confiança, achou menos perigoso utilizar mercenários. Então tomou a seu serviço gente dos Orsini e dos Vitelli, mas, depois de ter usado essas milícias mercenárias e as ter julgado dúbias e infiéis, extinguiu-as, dedicando-se às milícias que eram verdadeiramente suas. Pode-se daí ver facilmente a diferença entre esses diferentes tipos de milícia, considerando-se a transformação que foi ocorrendo na fama de César Bórgia, que inicialmente tinha apenas os franceses, depois contratou mercenários e acabou por ficar com somente os seus próprios soldados sob o seu próprio comando: o prestígio do duque foi aumentando sempre, e nunca foi tão estimado como quando se colocou como senhor absoluto de suas próprias tropas.

Rei Filipe da Macedônia, pai de Alexandre o Grande

Eu não queria aqui mencionar outros exemplos que não os italianos e recentes, mas não posso deixar de falar de Hierão de Siracusa, já citado. Quando ele foi feito comandante militar dos siracusanos, logo percebeu que as milícias mercenárias que operavam ali não eram boas, por serem seus comandantes semelhantes aos mercenários que temos tido aqui na Itália. Vendo que não podia nem mantê-los nem dispensá-los, fêz com que eles fossem cortados em pedaços. Pôde então fiar-se em suas próprias milícias.

Quero recordar também uma passagem do Antigo Testamento, em que Davi se oferece a Saul para lutar contra Golias, desafiante filisteu. Para animá-lo, Saul quis dar-lhe sua armadura real, porém Davi, logo que a vestiu, repeliu-a, dizendo que com ela não podia usar bem a sua própria força e que ia valer-se apenas da funda e da faca para combatê-lo. Isso quer dizer que as armas alheias ou te caem dos ombros ou te sufocam.

Carlos VII[183], pai de Luís XI, tendo por favorecimento da sorte e pela sua competência livrado a França do jugo dos ingleses, percebeu a necessidade de se utilizar de milícias que fossem realmente suas e tornou obrigatório, no seu reino, o serviço militar. Depois, o rei Luís extinguiu a infantaria e contratou mercenários suíços; e esse erro, seguido de outros, foi, como se vê agora, o motivo dos perigos por que tem passado aquele reino. Ao optar pelo serviço dos suíços, ele aviltou as próprias tropas, porque acabou com a infantaria, subordinou sua cavalaria a gente estrangeira e, tendo-se acostumado a operar com os mercenários suíços, não lhe pareceu mais possível vencer sem eles. É por isso que os franceses não se bastam contra os suíços e não conseguem enfrentar os inimigos sem eles. As milícias que servem à França são, portanto mistas, formadas de mercenários e de soldados próprios. Embora essas milícias sejam muito melhores do que as tropas auxiliares e do que as exclusivamente mercenárias, elas são muito inferiores às milícias próprias.

Esse exemplo nos basta, porque o reino da França seria invencível se tivesse aperfeiçoado ou pelo menos conservado a organização militar de Carlos. Mas a pouca prudência dos homens não descobre o veneno que se esconde em coisas que inicialmente parecem ser boas, como já ilustrei anteriormente, quando falei da tísica[184].

[183] Foi Carlos VII (1422-1461) quem pôs fim à Guerra dos Cem Anos, entre a França e a Inglaterra.
[184] No capítulo III.

Portanto não é realmente sábio aquele que no comando de governo não é capaz de perceber os males em sua origem. Poucos têm essa qualidade. Se avaliarmos o início da ruína do império romano, veremos que o motivo disso foi apenas o fato de os romanos começarem a contratar mercenários godos. Desse modo os soldados romanos passaram a ter cada vez menos fibra, e todo o prestígio que antes eram dados a eles foi passando para os mercenários.

Fernando de Aragão e Isabel de Castela. Museu Condé - Chantilly, França

Chego, portanto, à conclusão de que não há estado seguro sem milícias próprias, porque sem comandar e ter seus próprios soldados fica na dependência da sorte e não possui força suficiente para defendê-lo nas adversidades. Os homens sábios sempre opinaram e sentenciaram que "*Quod nihil sit tam infirmum aut instabile quam fama potentiae non sua vi nixa*"[185].

Milícias próprias são as formadas por teus súditos, ou por teus cidadãos, ou por teus servos; todas as outras são mercenárias ou auxiliares. Quanto ao modo de se administrarem as milícias próprias, não é difícil sabê-lo através dos quatro exemplos que dei[186], além dos exemplos de Filipe, pai de Alexandre[187], e dos muitos poderes republicanos e monárquicos que formaram e comandaram milícias próprias, nas quais eu confio inteiramente.

[185] "Nada é tão instável quanto a fama de poderio de um príncipe quando não-apoiada na própria força."
[186] César Bórgia, Hierão, Carlos VII e Davi.
[187] Alexandre Magno.

Entrada de Carlos VIII em Florença (pintura a óleo de F. Granacci). Galeria dos Uffizi, Florença

Capítulo XIV

Sobre as atribuições em relação às milícias

Um príncipe não deve ter outro objetivo, pensamento ou envolvimento pessoal que não tenham a ver com a guerra e com a organização e a disciplina das milícias, porque é isso que se espera de quem comanda. Saber fazer isso é de tal valor que não somente sustenta no poder os que nascem príncipes, mas também faz com que cidadãos da vida privada ascendam a príncipes. Já houve muitos príncipes que, não possuindo tal habilidade e sendo mais afeitos aos luxos da vida, perderam os seus estados. A principal causa de príncipes perderem seus estados é serem negligentes quanto a suas incumbências no comando das milícias. Por possuir milícias, Francisco Sforza, que antes era cidadão da vida privada, fez-se duque de Milão. Já os filhos dele, por fugirem de suas obrigações de comando das milícias, passaram de duques a simples cidadãos.

Entre as coisas que te podem acarretar males, é o teu não-atendimento às obrigações militares que te pode tornar submisso, infâmia da qual todo príncipe deve guardar-se. É monumental a diferença entre um príncipe armado e um desarmado; não é razoável o primeiro obedecer o segundo e nem é razoável que o segundo possa viver seguro entre servidores armados porque, havendo desdém por parte de um e desconfiança da parte de outro, não é possível conviverem bem. Um príncipe que não entenda das artes militares sofre, entre outros males, como já afirmei, a infelicidade de não ser estimado pelos seus soldados e não poder confiar neles. Um príncipe deve, pois, nunca deixar de lado os seus deveres de comandante das milícias, arte que ele deve praticar mais nos tempos de paz do que nos de guerra, cuidando de desenvolver duas coisas: a prática militar e o exercício do pensamento.

Quanto à prática militar, além de manter os soldados disciplinados e constantemente em exercício, ele próprio deve estar sempre em grandes caçadas, para habituar o corpo aos incômodos naturais da vida em campanha e aprender sobre a natureza dos lugares, saber como surgem os montes, como se abrem os vales, como se estendem as planícies e como é a natureza dos rios e dos pântanos, empregando nesse trabalho os melhores cuidados. Esses conhecimentos são úteis por dois motivos principais: o primeiro é o de fazerem com que o príncipe fique conhecendo melhor seu território e os seus meios de defesa; o segundo é o de, conhecendo bem aqueles sítios, ele adquirir uma noção acerca de quaisquer outros que lhe for necessário explorar, porque os montes, os vales, as planícies, os rios e os pântanos, como os da Toscana, por exemplo, apresentam semelhanças com os de outras províncias. Assim, pelo conhecimento da geografia de uma província, pode-se facilmente chegar ao conhecimento de outra. Falhando nesse particular, um príncipe falha na primeira qualidade que deve ter um comandante, porque é desse modo que ele pode aprender a descobrir a localização do inimigo, a acampar, a conduzir os exércitos, a traçar os planos de batalha e a sitiar acampando em posição de vantagem.

Brasão da Toscana

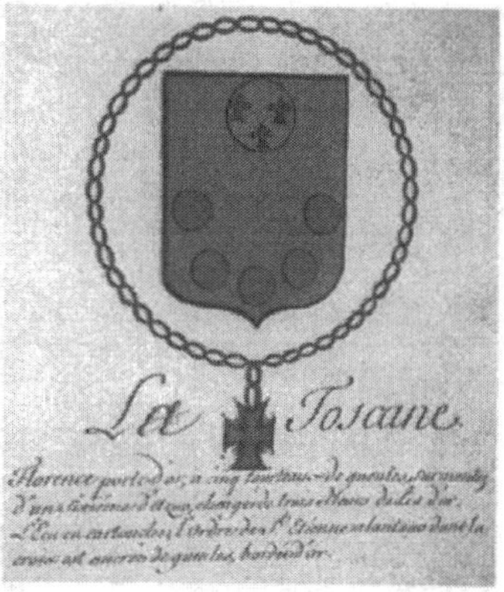

Filopêmenes[188], príncipe dos aqueus, entre as outras qualidades que lhe deram os escritores, tinha esta de, nos tempos de paz, não deixar de pensar nunca em coisa de guerra. Quando passeava no campo, com os amigos, parava às vezes e os interrogava: "Se os inimigos estivessem sobre aquele monte e nós aqui, com os nossos soldados, quem teria maiores vantagens? Como poderíamos apanhá-los, mantendo a formação de nossas tropas? Se quiséssemos bater em retirada, como deveríamos fazer isso? Se fossem eles a bater em retirada, como faríamos para segui-los?" Ele formulava todas as hipóteses que podem ocorrer em campanha, ouvia a opinião dos companheiros, dava a sua, corroborava-as com razões e exemplos, de modo que, mercê dessas contínuas cogitações, quando estava à frente dos exércitos nunca surgia um acidente que ele já não tivesse previsto e para o qual, portanto, não tivesse remédio.

Por outro lado, quanto ao exercício do pensamento, o príncipe deve ler histórias de países e considerar as ações dos grandes homens, observar como se conduziram nas guerras, examinar as razões de suas vitórias e derrotas, para poder fugir destas e imitar aquelas. Sobretudo ele deve proceder como procederam, em tempos idos, certos grandes homens, os quais também imitaram as ações dos que antes deles haviam sido glorificados por suas ações. Alexandre Magno imitou o proceder de Aquiles; César imitou Alexandre; e Cipião imitou a Ciro. E quem ler sobre a vida de Ciro, escrita por Xenofonte, reconhecerá depois, ao ler sobre na vida de Cipião, o quanto o fato de este ter imitado Ciro lhe rendeu glórias e o quanto os dois se assemelharam quanto à abstinência, à afabilidade, à humanidade, à liberalidade. Um príncipe prudente age desse modo e nunca fica ocioso nos tempos de paz; ao contrário, aproveita-os, para inteligentemente ir formando um cabedal de que se possa valer em tempos de adversidade.

Confirmação (por Domenico Guirlandaio, 1485)

Capítulo XV

Por que os homens e, especialmente, os príncipes, são louvados ou vituperados

Agora falta discorrer sobre como deve ser a conduta e o governo de um príncipe em relação aos súditos e aos amigos. Como sei que muitos outros já escreveram sobre isso, duvido que eu não seja considerado presunçoso por discordar deles; e discordo porque quero escrever coisas úteis, tratando da realidade efetiva, e não do imaginário. Muitos têm imaginado repúblicas e principados nunca vistos e de que nunca se teve notícia, mas o modo como se vive é muito diferente do modo como se imagina que se deveria viver. Quem neglicencia a realidade, preocupando-se com o que imagina que deveria ser feito, antes procura a própria ruína do que preservar-se: um homem que queira em tudo parecer bom, procura sua ruína em meio a tantos homens que não são bons. Por isso para se manter príncipe é necessário que aprendas a ser mau, valendo-se disso quando tiveres necessidade.

Deixando, então, de lado as coisas relativas a um príncipe imaginário e tratando das que são reais, digo que todos os homens, especialmente os príncipes, pelo fato de estarem em posição mais alta, são vistos através das qualidades que lhes rendem reprovação ou louvor. Assim, alguns são tidos como liberais, outros como *miseri* (usei aí a palavra toscana *miseri*, porque *avaro*, em nossa língua, é ainda aquele que deseja possuir através de rapinagem, e nós conhecemos como *miseri* os que se abstêm muito de usar o que possuem); alguns são vistos como pródigos, outros como rapinantes; cruéis ou piedosos; perjuros ou leais; efeminados e pusilânimes ou bravos e audazes; afáveis ou soberbos; lascivos ou castos; estúpidos ou astutos; enérgicos ou indecisos; francos ou levianos; religiosos ou incrédulos; e assim por diante.

Lorenzo de Médici (Lorenzo o Magnífico) cercado por artistas (quadro de Otávio Vannini). Museu dos Argenti

Eu sei que cada um admitirá que o mais louvável é, dentre todas essas qualidades, um príncipe possuir as que são tidas como boas, mas a condição humana é tal que não consente a posse completa de todas elas, nem ao menos a sua prática consistente. É necessário, então, que o príncipe cuide de evitar as qualidades que lhe fariam perder o comando e, sendo-lhe

possível, que ele cuide até mesmo de prevenir-se quanto àqueles que não chegariam a pôr em risco a sua posição; se essa prevenção não lhe for possível, ele poderá deixar que as coisas sigam seu curso natural. Ele não deve evitar incorrer em infâmia por causa de atitudes necessárias sem as quais ele dificilmente poderia assegurar-se no comando do governo, porque, se considerarmos bem tudo, há coisas que parecem virtudes mas quando praticadas acarretam a ruína e há coisas que parecem vícios mas quando praticadas trazem a segurança e o bem-estar do governante.

Vista de Florença (Francisco Rosselli)

Júlio II (retrato de Ticiano, cópia de Raffaelo). Palácio Pitti, Florença

Capítulo XVI

Sobre a liberalidade e a parcimônia

Vou tratar agora da primeira das qualidades já citadas: considerarei em que condições ser reputado por praticar a liberalidade é um bem. A prática da liberalidade com o objetivo de adquirires fama por causa dela te prejudica. Caso a pratiques como se deve, ela não vai tornar-se conhecida e vais ser reputado por não praticá-la. Não é possível a um príncipe adquirir a fama de praticante da liberalidade sem correr risco, porque para isso é necessário ele demonstrar muita suntuosidade, acabando por consumir todo o seu tesouro; e quando isso tiver acontecido ele precisará impor pesados tributos ao povo, fazer tudo que puder para conseguir dinheiro de modo a continuar mantendo sua imagem de liberalidade. Isso o fará odiado pelos súditos e, por ter-se empobrecido, pouco estimado pelos outros. Então, tendo a sua liberalidade acarretado prejuízo a muitos e benefício a outros, o príncipe começará a sentir os primeiros reveses e correrá todos os perigos. Percebendo isso e querendo retrair-se, o príncipe será logo tachado de *misero*.

Portanto, como a fama por atos de liberalidade pode acarretar danos, um príncipe prudente não deve importar-se que o tachem de *misero*; com o passar do tempo, passará a ser cada vez mais visto como liberal, porque os do povo vão ver que, graças à sua parcimônia, haverá recursos suficientes para defesa contra os inimigos que lhes movam guerra e para outros empreendimentos sem onerar o povo. Agindo desse modo, terá usado de liberalidade para todos aqueles de quem nada tira, os quais são inúmeros, e terá sido miserável para aqueles a quem não dá nada, que são muito poucos. Em nossos tempos, vimos que apenas os que foram considerados miseráveis realizaram grandes feitos; os outros arruinaram-se. O papa Júlio II, tendo-se servido da fama de liberalidade para chegar ao papado, decidiu depois não mais mantê-la, para poder fazer guerra contra o atual rei de França[189]; agindo com parcimônia, ele pôde empreender muitas campanhas sem onerar os seus com qualquer imposto extraordinário. O atual rei da Espanha[190], se tivesse fama de liberalidade, não teria começado nem vencido tantas campanhas de conquista.

Um príncipe não deve gastar demais, para não ter de roubar seus súditos, para poder defender-se, pará não ficar pobre; e não deve evitar a pecha de *misero*, para não ser obrigado a praticar a rapinagem, porque é essa pecha que lhe permite reinar. Se alguém argumentar que César ascendeu ao império por sua liberalidade e que muitos outros alcançaram altos postos também por sua liberalidade, responderei: ou já és príncipe ou estás no caminho de tornar-se príncipe; César era um dos que queriam alcançar o poder em Roma, mas se, depois de tê-lo alcançado, tivesse vivido mais tempo e prosseguido naquelas despesas e não as tivesse reduzido, teria destruído o império. Se alguém replicasse que muitos têm sido os princi-

[189] Luís XII.
[190] Fernando o Católico.

pes que fizeram grandes coisas com os seus exércitos, tendo fama de praticarem a liberalidade, eu responderia que o príncipe gasta o que é seu ou o que é dos seus súditos ou o que é de outros. Quanto ao gastar o que é seu, ele deve ser sóbrio; quanto ao gastar o que é dos súditos, ele não deve esquecer nenhuma liberalidade. Ao príncipe que marcha com seus exércitos e que se enche de presas de guerra, de saques e de reféns, usando o que é dos outros, é necessário que ele atue com liberalidade, porque de outra forma não seria seguido pelos seus soldados. Podes dispor com muito mais prodigalidade daquilo que não é teu nem dos teus súditos, como fizeram Ciro, César e Alexandre, pois gastar o que é de outros não rebaixa; pelo contrário, eleva a prestígio. Gastar o que é teu, isso sim, é nocivo. E não há coisa que destrua mais a si mesma do que a liberalidade, porque quanto mais usares dela, mais irás perdendo a faculdade de usá-la, acabando por tornar-te pobre e desprezado ou, para fugir a isso, rapace e odiado. As principais coisas de que um príncipe deve guardar-se são o desprezo e o ódio; e a liberalidade conduz a essas duas coisas. Portanto é mais sábio ser tido como *misero*, que é uma infâmia que não produz o ódio, do que, buscando pela fama de liberal, ter de incorrer na fama de rapace, uma infâmia que produz ódio.

Fernando de Aragão e Isabel de Castela. Biblioteca da Universidade de Valladolid

Carlos V e Clemente VII na procissão triunfal pela coroação de Carlos V em Bolonha (gravura sobre couro, 1530). Biblioteca Nacional, Paris

Capítulo XVII

Da crueldade e da piedade: se é melhor ser mais amado do que temido ou se é melhor ser mais temido do que amado

Continuando na exposição das qualidades citadas anteriormente[191], tenho a dizer que cada príncipe deve preferir ser tido como piedoso, e não como cruel, mas deve cuidar de empregar convenientemente sua piedade. César Bórgia foi considerado cruel, embora sua crueldade tenha reerguido a Romanha, unindo-a e conduzindo-a à paz e à fé; mas isso, bem-considerado, mostrará que ele foi muito mais piedoso do que o povo florentino, que, para evitar a pecha de cruel, deixou que Pistóia fosse destruída[192]. Um príncipe não deve, portanto, importar-se por ser considerado cruel se isso for necessário para manter os seus súditos unidos

César Bórgia (obra de Palmezzano). Museu de Forli

[191] No penúltimo parágrafo do capítulo XV.

[192] Florença fomentou a discórdia entre duas facções de Pistóia, o que resultou ali, entre 1501 e 1502, a série de motins que determinou a ocupação dessa cidade pelos florentinos.

e com fé. Com raras exceções, um príncipe tido como cruel é mais piedoso do que os que por muita clemência deixam acontecer desordens que podem resultar em assassinatos e rapinagem, porque essas conseqüências prejudicam todo um povo, ao passo que as execuções que provêm desse príncipe ofendem apenas alguns indivíduos.

Dentre todos os príncipes, são os novos que menos podem fugir à fama de cruéis, pois os estados novos são cheios de perigo. Foi por isso que Virgílio disse, pela boca de Dido:

> "Res dura, et regni novitas me talia cogunt
> moliri, et late fines custode tueri"[193].

Um príncipe deve ser ponderado no confiar e no agir, sem temer seu próprio poder e equilibrando prudência e humanidade, por que confiando demais ele será incauto, ao passo que desconfiando demais ele será intolerável.

Vem daí a polêmica sobre se é melhor ser mais amado do que temido ou se é melhor ser mais temido do que amado. É claro que o ideal seria a posse, ao mesmo tempo, das duas qualidades, mas é muito difícil existir uma combinação entre as duas; portanto é muito mais seguro ser temido do que amado quando se pode ter apenas uma delas. Isso porque os homens são geralmente ingratos, volúveis, fingidos, covardes ante o perigo e gananciosos. Como já afirmei, enquanto colhem benefícios de ti, os homens em geral estão todos contigo e te dão seu sangue, seus bens, suas vidas, seus filhos, desde não tenhas necessidade deles. Basta que seja iminente a tua necessidade para que eles se esquivem de ti. Diante disso, arruína-se o príncipe que tenha confiado demasiadamente na palavra deles

[193] "A dura condição das coisas e o próprio fato de ser recente o meu reinado obrigam-me ao rigor e a fortificar as fronteiras", trecho da *Eneida*, de Virgílio.

sem ter tomado alguma precaução, porque no momento necessário não se pode contar com as amizades obtidas mediante paga, que não venham da nobreza de caráter. É mais fácil eles ofenderem alguém que se faça amar do que alguém que se faça temer. O amor é um vínculo de obrigação que eles, por serem pérfidos, rompem logo na primeira ocasião em que o rompimento lhes for útil; mas é o temor que, por infundir-lhes o receio de castigo, faz com que eles não te abandonem nunca. Deve, portanto, um príncipe fazer-se temer de modo que, se não se fizer amado, pelo menos evite o ódio, pois é fácil ser ao mesmo tempo temido e não-odiado. Para isso, basta que ele se abstenha de apoderar-se dos bens e das mulheres dos seus cidadãos e súditos. Caso necessite derramar o sangue de alguém, que o faça por justificativa conveniente e causa manifesta, mas deve sobretudo abster-se dos bens deles porque os homens se esquecem mais rapidamente da morte do pai do que da perda do patrimônio. Além do mais, ao contrário do derramamento de sangue, que é mais raro e se acaba mais rapidamente, pilhagem é algo que não têm fim, porque aquele que começa a viver através de

Retrato póstumo de Giovanni di Bicci de Médici pai de Cosmo de Médici (Bronzino)

rapinagem encontra sempre pretexto para se apoderar do que pertence aos outros.

Quando o príncipe está com seu exército e tem sob seu comando um grande número de soldados, nesse caso é absolutamente necessário que ele não se importe em ser reputado como cruel, porque sem tal reputação não se mantém mais o exército unido nem disposto a executar qualquer tarefa. Entre as admiráveis ações de Aníbal, destaca-se aquela em que, tendo um exército muito numeroso, composto de homens de muitas raças, e conduzindo-o em terras estrangeiras, não lhe surgiu nenhuma dissensão, nem entre seus soldados, nem de algum de seus soldados contra ele, tanto nos momentos bons como nos difíceis. Isso não se deveu a outra coisa que não à desumana crueldade de Aníbal, a qual, junto com suas outras infinitas qualidades, o fez sempre venerado e temido ante seus soldados; e, sem a crueldade, as outras qualidades não teriam bastado para ele ter sido temido e venerado. Escritores pouco perspicazes admiram esse feito de Aníbal mas condenam a principal causa que o tornou possível. Para provar que as outras virtudes, por si mesmas, não teriam sido suficientes, temos o caso de Cipião[194], homem raríssimo não somente na época dele mas também em toda a memória de que se tem registro: os exércitos dele se rebelaram na Espanha exclusivamente por ele ter sido piedoso demais e conceder aos seus soldados muito mais liberdade do que convém à disciplina militar. Por causa disso ele foi admoestado severamente no Senado por Fábio Máximo[195], que o chamou de corruptor da milícia romana. Após os locrenses terem sido barbaramente abatidos por um legado de Cipião, este não os vingou nem

[194] Publio Cornelius Scipio, conhecido como Cipião o Africano, que venceu o cartaginês Aníbal Barca em 202 a.C.
[195] Senador romano.

Cosmo I. Galeria da Academia, Florença

castigou a insolência daquele legado[196], e tudo isso por causa de sua natureza branda ante os comandados. Alguém, querendo desculpá-lo no Senado, disse que há muitos homens que sabem mais não cometer erros do que corrigir os erros dos outros. A fama e a glória de Cipião teriam sido destruídas se ele tivesse continuado no comando mantendo esse defeito. Todavia, subordinando-se ao Senado, ele corrigiu-se e veio a cobrir-se de ainda mais glória.

Sobre ser temido e amado, concluo que os homens amam como querem mas devem temer segundo a vontade do príncipe, e que um príncipe sábio deve apoiar-se sobre aquilo que é seu, nunca sobre o que é dos outros. Ou seja, deve apenas evitar ser odiado, como já afirmei.

[196] Locri, colônia que os romanos tinham na Sicília e que foi arrasada estando sob o comando de Quinto Plemínio, subordinado de Cipião.

Casamento de Catarina de Médici. Palácio Riccardi, Florença

Capítulo XVIII

De que modo os príncipes devem manter sua palavra

Todos sabem o quanto é louvável um príncipe honrar sua palavra e viver com integridade, sem astúcias, mas, na prática, em nossos tempos observamos príncipes que, empenhando-se muito pouco em honrar suas promessas e ludibriando com astúcia a cabeça dos homens, realizaram grandes feitos que superaram os que agiram com lealdade.

Sabemos que há dois modos de combate: um deles é através das leis; o outro é através da força. O primeiro modo é próprio do homem; o segundo, dos animais. Como o primeiro muitas vezes não basta, é preciso recorrer-se ao segundo. Portanto é necessário que um príncipe saiba convenientemente empregar os dois modos, o do animal e o do homem. Isso foi ensinado de modo oculto aos príncipes pelos escritores antigos cujos textos nos contaram que Aquiles e outros príncipes antigos foram entregues à tutela do centauro[197] Quironte, que sob sua disciplina os educou. A educação através de um preceptor que é metade animal e metade homem significa que

[197] Ser mitológico metade homem e metade cavalo.

um príncipe deve saber empregar tanto a natureza dos animais quanto a do homem, porque uma não se basta sem a outra.

Para empregar bem a natureza dos animais, um príncipe deve escolher a raposa e o leão. O leão não sabe livrar-se das armadilhas e a raposa não sabe livrar-se dos lobos; é preciso, portanto o príncipe ser raposa, para conhecer as armadilhas, e leão, para aterrorizar os lobos. Os que têm somente a qualidade dos leões não são bem-sucedidos; por isso um príncipe prudente não pode, nem deve, cumprir sua palavra quando isso lhe for prejudicial e já tenha cessado o motivo que o levara a fazer promessa. Se os homens fossem todos bons, esse preceito não seria bom. Por serem pérfidos, eles não cumprem as promessas que fazem a ti; por isso não tens também obrigação de honrar tuas promessas feitas a eles. Além do mais, nunca faltam a um príncipe razões das quais pode valer-se para legitimar o não-cumprimento de sua palavra, e disso poderiam ser citados inumeráveis exemplos contemporâneos que mostram quantos tratados de paz e quantas promessas se tornaram vãos e foram anulados pela infidelidade dos príncipes; e, dentre estes, saíram-se melhor os que mais bem souberam valer-se das qualidades da raposa. Mas é preciso saber empregar muito bem essas qualidades para ser um grande simulador e dissimulador. Os homens são tão ingênuos e tão

Procissão dos Magos (detalhe de um afresco de Benazzo Gozolli em que aparece Lorenzo de Médici). Palácio Médicis-Ricardi, Florença

atidos a suas necessidades imediatas, que aquele que engana encontrará sempre um que se deixe enganar.

Papa Alexandre VI (detalhe da obra *Ressurreição* de Pinturiccio)

Não quero deixar de mencionar pelo menos um dentre os exemplos recentes. Alexandre VI não pensou e não fez outra coisa senão enganar os homens, sempre encontrando ocasião para isso. Nunca houve homem que como ele conseguisse tanta eficácia, através dos mais solenes juramentos, em fazer promessas que depois não cumpriria, e ele sempre se beneficiou de suas mentiras, porque conhecia muito bem esse lado da natureza humana[198].

Contudo, um príncipe não precisa possuir todas essas qualidades; basta que ele aparente possuí-las. Ouso até mesmo afirmar que possuir e ter todas elas é danoso, mas que parecer possuí-las é útil. É útil parecer piedoso, fiel, humanitário, íntegro, religioso, e ser tudo isso, mas mantendo o ânimo preparado para que, em caso de necessidade, se possa e se saiba agir de modo contrário. É preciso entender o seguinte: que um príncipe,

[198] Dizia-se que o papa Alexandre VI nunca fazia o que dizia, ao passo que seu filho, César Bórgia, nunca dizia o que ia fazer.

especialmente um novo príncipe, não pode observar todas as coisas a que são obrigados os homens considerados bons, pois ele é freqüentemente forçado, para manter seu governo, a agir contra a caridade, contra a fé, a humanidade, contra a religião. Por isso é necessário que possua ânimo disposto a voltar-se para onde os ventos e as variações da sorte o impelirem; e, como já afirmei, não se desviando de ser bom enquanto puder mas sabendo valer-se do mal quando necessário.

Ele deve aparentar, aos olhos e aos ouvidos dos outros, ser todo piedade, todo fé, todo integridade, todo humanidade, todo religião, com muito cuidado para que nunca escape de sua boca expressões que não traduzam essas cinco qualidades. Não há qualidade que mais se precise aparentar possuir do que a que diz respeito à religião. Os homens em geral julgam mais utilizando os olhos do que as mãos, porque todos eles têm capacidade de ver mas poucos são os que sabem sentir. Todos vêem o que tu pareces, mas poucos sentem o que és realmente, e estes poucos não têm a ousadia de se opor à opinião dos muitos que se sentem defendidos pela majestade do estado. Nas ações de todos os homens — e principalmente nas dos príncipes, contra o qual não há tribunal a que se possa recorrer —, o que importa é o resultado. Portanto, se um príncipe fizer o que precisa para vencer e sustentar-se no governo, os meios que ele empregar sempre serão julgados honoráveis e louvados por todos, porque o vulgo se atém somente às aparências e aos dos fatos consumados. A maioria do mundo é constituída pelo vulgo; os outros poucos ficam sem ação porque a maioria se apóia na majestade do estado. Um príncipe[199] contemporâneo nosso, cujo nome

[199] Fernando o Católico.

não me convém declarar, prega incessantemente a paz e a fé, embora seja muitíssimo inimigo de uma e de outra. Se tivesse agido de acordo com essa sua pregação, teria, em muitas ocasiões, perdido seu prestígio e seu estado.

Fernando o Católico (detalhe de uma pintura da escola hispano-flamenga)

Cosmo de Médici (em detalhe da *Procissão de Magi*, de Benazzo Gozzoli). Capela do Palácio dos Médici, Florença

Capítulo XIX

Como evitar ser desprezado e odiado

Agora, que já falei sobre as qualidades mais importantes dentre as mencionadas anteriormente[200], vou discorrer concisamente acerca das outras, tratando-as sob uma temática mais geral: um príncipe deve evitar as coisas que o tornem odiado ou desprezado; se fizer isso ele estará cumprindo o que lhe cabe, pois os outros defeitos não representarão nenhum perigo para ele.

A principal causa para um príncipe tornar-se odiado é, como já afirmei, ele ser rapace e usurpador dos bens e das mulheres dos seus súditos; ele deve abster-se disso e combater a ganância de uns poucos, a qual pode ser refreada de muitos modos e com facilidade, porque, para que os homens vivam satisfeitos, basta que não lhes sejam tolhidos os bens e a honra. Um príncipe sofrerá o desprezo se for visto como volúvel, leviano, efeminado, pusilânime, irresoluto, coisas que ele deve evitar do mesmo modo como o navegador deve evitar que seu navio bata em um rochedo; por isso ele deve procurar que suas ações demonstrem grandeza, coragem, importância e vigor; e deve fazer com que suas decisões acerca

[200] No final do capítulo XV.

de seus súditos sejam irrevogáveis, demonstrando firmeza tal que não passe pela mente de ninguém enganá-lo ou fazer mudá-las. O príncipe que conseguir formar tal opinião sobre si adquirirá grande prestígio, e será difícil investirem ou conspirarem contra ele, porque o terão como homem forte e respeitado por sua gente. Um príncipe deve temer duas ameaças: uma, de dentro de seu território, por conta dos súditos; a outra, de fora, por conta dos potentados externos. Destes, ele se defende com boas tropas militares e com bons amigos. Enquanto tiver boas tropas militares, terá bons amigos; e as coisas de dentro sempre se manterão seguras enquanto as coisas de fora estiverem seguras, a não ser ocorra internamente a perturbação de uma conspiração. Desde que um príncipe se tenha organizado e vivido sem esmorecer, como eu já expliquei, ele sempre conterá qualquer ataque externo, como já mencionei que foi feito pelo espartano Nábis[201]. Porém, nos tempos em que não há ameaças externas, o príncipe deve sempre recear que súditos conspirem secretamente, perigo do qual ele se afasta bastante evitando ser odiado ou desprezado e tendo o povo satisfeito com ele, que são coisas que ele pode conseguir pelo modo que já descrevi extensamente. Não se tornar odiado pela população em geral é realmente um dos antídotos mais eficazes que um príncipe pode usar contra conspirações: é por acreditar que a morte do príncipe vá satisfazer os desejos do povo que alguém conspira, mas este não terá coragem de tomar tal partido quando acreditar que isso vá ofender o povo, porque diante disso as dificuldades dos conspiradores seriam inúmeras. A experiência mostra que muitas têm sido as conspirações, mas poucas

[201] No capítulo IX.

delas tiveram êxito, porque quem conspira não pode conspirar sozinho, nem pode ter companhia que não seja a dos que acredite estarem descontentes. Assim que tiveres revelado teu intento a um descontente, já terás posto a descoberto a tua intenção e obviamente darás a ele motivo para contentar-se, porque ele verá, por um lado, a possibilidade de auferir um prêmio se te denunciar e, por outro, uma empreitada de resultado duvidoso e cheia de perigos. Por isso convém revelares teus intentos somente a quem tenha uma rara amizade por ti, uma obstinada e total inimizade pelo príncipe e com cuja lealdade possas contar. Para resumir, afirmo que: ao lado do conspirador, não há senão medo, inveja e o perigo de ser castigado a atormentá-lo; ao lado do príncipe, há a majestade de seu principado, as leis, a proteção dos amigos e do estado a sustentá-lo; se se acrescentar a tudo isso a benevolência do povo para com o príncipe, torna-se impossível que apareça alguém que se atreva a conspirar. Nesse caso, se o conspirador deve temer antes da execução de seu mal, depois dela ele deve ficar mais temeroso ainda, tendo como inimigo o povo e por isso não podendo encontrar refúgio algum.

Sobre esse assunto, eu poderia dar inúmeros exemplos, mas quero contentar-me com apenas um, que conheci através da memória de nossos pais. *Messer* Aníbal Bentivoglio (avô do atual *messer* Aníbal), que era príncipe de Bolonha, foi assassinado pelos Canneschi, que haviam conspirado contra ele não deixando vivo nenhum descendente dele exceto *messer* Giovanni, que ainda era uma criança de colo. Mas imediatamente após os assassinatos o povo se levantou e matou todos os Caneschi, por causa da benevolência popular com a qual os Bentivoglio contavam naquela época. A estima que o povo

tinha pelos Bentivoglio era tão grande que, não tendo restado em Bolonha um só membro dessa família que pudesse, após a morte de Aníbal, governar o estado e havendo indício de que havia em Florença um jovem descendente dos Bentivoglio que era até então tido como filho de um artesão ferreiro, os bolonheses foram até lá procurar por ele e lhe entregaram o governo da Bolonha; assim, essa cidade ficou sendo governada pelo artesão até quando *messer* Giovanni alcançou a idade conveniente para reinar.

Giovanni Bentivoglio. Igreja de San Giacomo Maggiore, Bolonha

Concluo, portanto, que um príncipe pouco deve temer as conspirações quando ele é amado pelo povo; mas, quando este é seu inimigo e o odeia, ele deve temer a tudo e a todos. Os estados bem-organizados e os príncipes sábios sempre se empenham diligentemente em não incorrer na ira dos grandes e em manter o povo satisfeito e contente, tarefa que é uma das mais importantes dentre as que cabem a um príncipe.

Entre os reinos bem-organizados e bem-governados de nosso tempo, está o da França. Nele há numerosas boas instituições das quais dependem a liberdade e a segurança do rei. A principal delas é o parlamento, ao qual se dá grande autoridade. Quem organizou aquele reino conhecia a ganância e a insolência dos grandes e julgava necessário colocar-lhes um freio capaz de contê-los, mas conhecia também o ódio e o medo que o povo em geral tinha dos grandes e, querendo proteger o povo, não quis que essa tarefa ficasse diretamente a cargo do rei, para que este não sofresse nem a reprovação dos poderosos ao favorecer os populares, nem a reprovação dos populares ao favorecer os poderosos; por isso constituiu um tribunal neutro que, sem a responsabilidade direta do rei, se batesse contra os grandes e favorecesse os pequenos. Não poderia haver um arranjo melhor ou mais prudente, nem tampouco maior garantia para a segurança do rei e do reino. Desse exemplo, se pode tirar uma lição notável: um príncipe deve delegar a outros as ações repressivas e encarregar-se diretamente apenas dos atos de graça das ações. Concluo, novamente, que um príncipe deve estimar os grandes, mas sem se tornar odiado pelo povo.

A muitos pode parecer que a vida e a morte de certos imperadores romanos configurem exemplos que contrariem essa minha opinião, porque, apesar terem vivido sempre exemplarmente, demonstrando possuírem grandes virtudes, eles perderam o poder ou foram mortos por súditos que contra eles conspiraram. Desejando, portanto, responder a essa objeção, narrarei as qualidades de alguns desses imperadores e demonstrarei que as causas da ruína deles não contradizem as causas de ruína que já mencionei anteriormente, ao mesmo tempo em que for apresentando para consideração as coisas que são importantes para os que lêem sobre os eventos daqueles tempos. Para mim, é suficiente citar todos os imperadores que se sucederam no império, desde o filósofo Marco[202] até Maximino[203]:

[202] Marco Aurélio Antônio (121-180), mais conhecido na literatura como "Marco Aurélio".
[203] Júlio Vero Maximino (173-238).

Marco; Cômodo, filho de Marco; Pertinax; Juliano; Severo; Antonino Caracalla, filho de Severo; Macrino; Heliogábalo; Alexandre; e Maximino. Deve-se primeiramente notar que, enquanto nos outros principados é necessário lutar apenas contra a ambição dos grandes e a insolência do povo, os imperadores romanos enfrentavam uma terceira dificuldade: suportar a crueldade e a rapacidade dos soldados. Essa dificuldade era tão grande que chegou a ser a causa da ruína de muitos, porque era difícil ao mesmo tempo satisfazer os soldados e o povo. O povo estimava a paz e, por essa razão, gostava dos príncipes modestos. Os soldados, por sua vez, gostavam dos príncipes adeptos da guerra, insolentes, cruéis e rapaces, pois queriam praticar essas qualidades contra o povo para poderem ganhar soldo dobrado e dar vazão à sua rapacidade e crueldade. Tal dificuldade resultou na ruína dos imperadores que, por sua própria natureza ou por falta de habilidade, não tinham autoridade suficiente para controlar nem os soldados nem o povo; e a maior parte desses imperadores, especialmente os que ainda muito jovens ascenderam ao poder, escolheram satisfazer a vontade dos soldados, pouco se importando com as ofensas sofridas pelo povo. Foi necessário fazerem isso, porque os príncipes não podem evitar serem odiados por pelo menos alguns; eles precisavam, em primeiro lugar, evitar serem odiados por todos, mas, como não conseguiram isso, eles precisaram, como último recurso, empenhar-se o máximo para evitar serem odiados pelos mais poderosos. Por isso os imperadores mais inexperientes, tendo necessidade de favores extraordinários, inclinaram-se mais para os soldados do que para o povo, opção que foi útil ou não, dependendo da habilidade de cada um desses imperadores para manter sua autoridade sobre os soldados.

Devido a tudo isso é que Marco, Pertinax e Alexandre foram homens de vida modesta, amantes da justiça, inimigos da crueldade, humanos e benignos. Pertinax e Alexandre tiveram triste fim. Apenas Marco viveu e morreu honradíssimo porque chegou ao poder por direito hereditário, sem dever isso nem aos soldados nem ao povo; além disso, sendo portador de muitas virtudes, que o tornavam venerado, sempre manteve, enquanto viveu, os soldados sob seu controle e nunca foi odiado nem desprezado. Pertinax, porém, foi feito imperador contra a vontade dos soldados; estes, tendo-se habituado a viver licenciosamente quando sob o domínio de Cômodo, não suportaram a vida honesta que Pertinax quis impor-lhes. Disso surgiu o ódio, e a esse ódio se juntou o desprezo pelo fato de ele ser velho. Foi assim que se deu a ruína de Pertinax logo no início de seu governo.

Devemos ter em conta que alguém pode tornar-se odiado tanto por boas como por más obras. Por isso, para se manter no poder frente a um estado, um príncipe freqüentemente precisa, como já afirmei, não agir com bondade. A maioria de qualquer coletividade — seja de pessoas do povo, ou dos soldados ou dos grandes — é corrupta. Quando julgardes necessário obter o apoio de uma coletividade para tua manutenção no poder, vais ter de te amoldar a ela para satisfazê-la; para isso, agir com bondade te seria prejudicial. Mas falemos agora do imperador Alexandre, tão bondoso que, dentre os louvores que lhe são atribuídos, destaca-se o fato de durante os catorze anos em que esteve à frente do império ele não ter mandado executar quem quer que fosse sem prévio julgamento. No entanto ele caiu em desprezo, por ter sido considerado, além de afeminado, como homem que se deixava dominar pela mãe; assim, o exército conspirou contra ele e o assassinou.

Contrastando com Alexandre, falemos agora de Cômodo, Severo, Antonino Caracalla e Maximino, que foram extremamente cruéis e rapaces. Para satisfazer os soldados, não deixaram de cometer nenhuma das injúrias que conseguissem cometer contra o povo, e todos esses imperadores, exceto Severo, tiveram triste fim. Severo tinha tanta habilidade que, mesmo ele mantendo a amizade dos soldados e oprimindo o povo, conseguiu sempre reinar com sucesso; por sua habilidade ele era admirado tanto pelos soldados como pelo povo, porque ante ela este ficava de certo modo atônito, enquanto aqueles ficavam reverentes e satisfeitos. Pelo fato de as ações de Severo terem sido grandiosas para um príncipe novo, quero agora mostrar rapidamente quanto bem faz a uma pessoa ela ser raposa e leão, animais cujas naturezas eu referi anteriormente como modelos que devem ser imitados por um príncipe. Severo, conhecendo a negligência do imperador Juliano[204], persuadiu o exército do qual era capitão na Eslavônia de que era oportuno ir a Roma para vingar a morte de Pertinax, assassinado pelos pretorianos; então, sob esse pretexto e sem aparentar que aspirava ao poder, conduziu o seu exército contra Roma e conseguiu chegar à Itália antes mesmo da notícia da sua partida. Após sua chegada em Roma, o Senado, por medo, o elegeu imperador e Juliano foi morto. Depois disso, restavam ainda duas dificuldades a Severo para se assenhorear de todo o estado: uma, na Ásia, onde Pescênio Negro[205], chefe os exércitos asiáticos, se proclamara imperador; a outra, no oeste, de onde Albino[206] também queria subir ao trono do império. Achando

[204] Marco Didio Juliano, que foi imperador de Roma durante sessenta e seis dias no ano 193.

[205] Pecênio Negro o Justo, que em 193 chegou a ser proclamado imperador pelas legiões romanas de Antióquia, mas que depois foi derrotado por Severo e morto pelos seus próprios soldados.

[206] Décio Cláudio Sétimo Albino, que foi morto em 197.

Vista de Roma (autor anônimo, gravura sobre madeira, 1493). Wltchronik, Nuremberg

perigoso declarar-se inimigo dos dois, deliberou atacar Pescênio Negro e enganar Albino. A este escreveu que, tendo sido eleito imperador pelo Senado, queria dividir com ele aquela honra; mandou-lhe então o título de César e, por deliberação do Senado, tornou-o seu colega. Albino julgou que tais coisas fossem verdade, mas Severo, depois de ter vencido e matado Pescênio e pacificado o Oriente, voltou a Roma e se queixou no Senado de que Albino se havia esquecido dos benefícios que havia recebido dele, pois havia tentado matá-lo traiçoeiramente, e por isso era necessário punir essa ingratidão. Foi então de encontro a Albino na França e retirou-lhe o governo e a vida.

Quem examinar cuidadosamente as ações de Severo, verá que ele foi um ferocíssimo leão e um astutíssima raposa, temido e reverenciado por todos, e não-odiado pelo exército, não admirando-se de que ele, embora tão jovem, pôde conquistar e assegurar para si tão grande poder. Isso se deu porque sua grande reputação o defendeu contra a reação do ódio do povo por suas rapinagens. Mas Antonino, seu filho, era no entanto um homem que possuía qualidades excelentes que maravilhavam o povo e o faziam benquisto pelos soldados: era militar, suportava otimamente qualquer fadiga e desprezava os manjares delicados e quaisquer outros elementos de conforto. Não obstante, sua ferocidade e crueldade foram muito grandes e inauditas: após ter ordenado muitos assassinatos aqui e ali, ordenou também a morte de muitos habitantes de Roma e de toda a população de Alexandria. Desse modo, ele se tornou muitíssimo odiado por todos e começou a ser temido também por aqueles viviam mais próximos dele; por isso acabou assassinado por um centurião no meio de seu próprio exército. É importante sabermos que assassinatos desse tipo, deliberados por homens obstinados, são impossíveis de serem evitados por um príncipe, porque são executados por homens que não se importam em morrer depois. Mas um príncipe não deve atemorizar-se, pois eles são muito raros; ele deve apenas guardar-se de não injuriar gravemente aqueles dos quais se serve e daqueles que tem junto de si a serviço do principado, como fez Antonino, que havia assassinado indignamente um irmão daquele centurião e depois disso vivia ameaçando-o todo dia, ao mesmo tempo em que o mantinha como membro de sua guarda pessoal, coisa temerária e ruinosa de se fazer.

Vejamos agora Cômodo, a quem teria sido fácil manter-se no poder, porque, sendo filho de Marco, chegou ao trono do império por direito hereditário. Bastava-lhe apenas seguir as pegadas do pai para que os soldados e o povo ficassem satisfeitos. Mas sua índole era cruel e bestial: para poder empregar sua rapacidade contra o povo, pôs-se a favorecer os soldados e os tornou licenciosos; além disso, não se preocupando com a dignidade, desceu muitas vezes às arenas para combater com os gladiadores e fez muitas outras coisas vis, pouco dignas da majestade imperial. Desse modo, tornou-se desprezível no conceito dos soldados. Por ter angariado o ódio de uns e o desprezo de outros, moveram-lhe conspiração e ele foi assassinado.

Maquiavel (escultura do início do século XIX, de Lorenzo Bartolini). Academia, Florença

Resta-nos narrar as qualidades de Maximino, que foi homem muitíssimo belicoso. Os exércitos o elegeram para imperador porque estavam enfastiados com a passividade de Alexandre da qual já falei anteriormente. Morto Alexandre, elegeram Maximino, que no entanto não reinou por muito tempo porque duas coisas o tornaram odiado e desprezado: uma delas, o fato de ele proceder de uma camada social inferior, pois havia sido pastor na Trácia (o que era conhecido por todos e o rebaixava muito no conceito de toda a gente); a outra, o fato de que ele, além de ter adiado sua ida a Roma para assumir a sede do império, já carregava a fama de ser cruel, pois, por intermédio dos seus prefeitos, em Roma e em toda a parte, perpetrara numerosas perversidades. Assim, com todos movendo-lhe desprezo por sua baixa ascendência e cheios de ódio por temerem sua ferocidade, surgiram as conspirações. Revoltou-se primeiramente a África; depois o Senado e todo o povo romano; e, mais tarde, toda a Itália ficou contra ele. A esse movimento juntou-se contra ele o seu próprio exército quando estava em campanha sitiando Aquiléia: os seus soldados, enfrentando muitas dificuldades nessa empreitada e percebendo que os inimigos não mais temiam Maximino e estando já cansados da crueldade dele, o mataram.

Não quero discorrer nem sobre Heliogábalo[207] nem sobre Macrino[208] nem sobre Juliano, que pouquíssimo tempo duraram por terem sido em tudo desprezados. Iniciarei logo à conclusão deste discurso, dizendo que os príncipes dos nossos tempos sofrem menos essa dificuldade de ter de satisfazer extraordinariamente os seus soldados. Embora tenham de ter para com estes alguma consideração, dão conta disso facilmente, porque nenhum desses príncipes tem algum exército que se tenha desenvolvido juntamente com os governos e administrações das províncias como eram os exércitos do império romano. Se no império romano era necessário contentar mais os soldados do que o povo, isso ocorria porque os soldados podiam mais do que o povo. Atualmente, é necessário aos

[207] Vário Avito Bassiano, conhecido como Heliogábalo, que morreu aos 18 anos, em 122.

[208] Macrino morreu em 128.

Palácio dos Médici (por Filipe Strozzi)

príncipes, exceto ao Turco e ao Sultão[209], contentar mais o povo do que os soldados, porque o povo tem mais poder do que os soldados. Coloco o Turco como exceção a essa regra porque ele mantém em torno de si um exército de doze mil infantes e quinze mil cavaleiros, dos quais dependem a segurança e o poder do seu reino; por isso ele precisa necessariamente manter-se estimado por seus soldados. O mesmo sucede ao reino do Sultão, onde tudo está nas mãos dos soldados, e também convém, portanto, ao Sultão mantê-los como seus amigos, sem se preocupar com o povo. Deve-se notar que esse reinado do Sultão é diferente de todos os outros principados, porque é semelhante ao pontificado da Igreja, que não pode ser considerado nem como principado hereditário, nem como principado novo. Não pode ser con-

[209] O Sultão do Egito.

siderado hereditário, porque nele não são os filhos do príncipe antigo que herdam o poder deste, mas sim aqueles que são escolhidos mediante agradarem aos que nele têm autoridade; e não pode ser chamado de principado novo por se tratar de instituição antiga, por nele não se encontrarem as dificuldades típicas dos principados novos e também pelo fato de que, embora seja novo o príncipe, a constituição desse estado é antiga e instruída para recebê-lo como se ele fosse um príncipe hereditário.

Piero de Médici (retrato de Bronzino)

Mas voltemos ao nosso assunto. Garanto que aquele que levar em conta o que relatei e comentei até aqui saberá que o ódio ou o desprezo foram causas da ruína dos imperadores mencionados e conhecerá também os motivos por que, tendo parte deles procedido de um modo e parte deles procedido de modo contrário, resultou que alguns deles terminaram bem e alguns tiveram triste fim. Verão por que a Pertinax e a Alexandre, por serem príncipes novos, foi inútil e danoso querer imitar Marco, que chegou a imperador por direito hereditário; como também para Caracalla, Cômodo e Maximino foi pernicioso imitar Severo, porque eles não possuíam habilidade suficiente para seguir as pegadas deste. Portanto um príncipe novo à frente de um principado novo não pode imitar as ações de Marco, nem, por outro lado, imitar as de Severo. De Severo, esse príncipe deve, sim, aproveitar as qualidades que forem necessárias para consolidar as bases de sustentação do estado; e, de Marco, as qualidades convenientes e gloriosas para conservar um estado que já esteja estabelecido e firme.

Esquema de um
castelo fortificado

Capítulo XX

Se as fortificações e muitas outras coisas que os príncipes costumam fazer são úteis ou não

Para assegurar a posse do estado, alguns príncipes desarmaram os súditos; alguns outros fomentaram desunião entre súditos no território conquistado; alguns nutriram inimizades contra si mesmos; alguns outros trataram de conquistar aqueles que no início de seu governo eram-lhe suspeitos; alguns edificaram fortificações; outros arruinaram fortificações e as destruíram. Sobre cada uma dessas coisas, eu não posso emitir julgamento se não considerar a particularidade de cada estado em que tais medidas tenham sido tomadas. Sobre eles discorrerei, então, a partir de um ponto de vista amplo e adequado.

Em nenhum principado jamais ocorreu de um novo príncipe desarmar os seus súditos; pelo contrário, armaram-nos quando estavam desarmados.

Quando armas teus súditos, eles se tornam teus: os que te eram suspeitos tornam-se fiéis; e os que já eram fiéis se mantêm fiéis, passando de súditos a teus partidários. Mas, como não podes armar todos os súditos, deves favorecer aqueles a quem armas para que te tranqüilizes em relação aos outros. A diferença de tratamento faz com que os favorecidos fiquem obrigados para contigo; enquanto isso os outros te desculpam, julgando ser necessário que aqueles recebam maior recompensa por ficarem mais obrigados para contigo e por correrem maior perigo.

Caso, porém, desarmardes teus súditos, aí começarás a ofendê-los, mostrando que não tens confiança deles. Ou acharão que isso se deve à tua covardia ou que se deve à tua falta de fé, e qualquer uma dessas duas opiniões alimentarão ódio conta ti. Além do mais, como não poderás ficar sem o serviço de gente armada, precisarás recorrer a uma milícia mercenária, que, como eu disse anteriormente, mesmo sendo boa, nunca é boa o suficiente para te defender dos inimigos poderosos e dos súditos suspeitos. Como já afirmei, quando alguém se torna príncipe em um novo principado, ele deve sempre compor um exército formado de súditos; muitos são os exemplos da história que mostram isso. Mas quando um príncipe adquire um novo principado e o anexa como membro ao seu antigo principado, daí é necessário desarmar todos os súditos desse novo membro, exceto aqueles que tenham colaborado para essa conquista, mas com o passar do tempo e oportunamente deve fazer com que estes últimos fiquem amolecidos e afeminados, de modo que o único exército dentro do novo estado passe a ser o formado pelos seus próprios soldados que no estado antigo viviam perto do príncipe.

Os nossos antepassados considerados mais sábios costumavam dizer que Pistóia tinha de ser conservada através do fomento à rivalidade entre as facções e que Pisa tinha de ser mantida através de fortificações, mas de um ou de outro modo estavam sempre nutrindo a desunião entre os súditos para os dominarem mais facilmente. Essa era provavelmente a política mais sábia naqueles tempos em que a Itália estava de certo modo equilibrada, mas não creio que possa servir hoje com preceito; não acredito que as divisões hoje trouxessem qualquer bem. Pelo contrário, atualmente, quando o inimigo se avizinha, as cidades divididas sucumbem logo, porque a parte mais fraca adere às forças externas enquanto a outra não consegue dar conta do inimigo. Os venezianos, obedecendo, como creio, às razões mencionadas, costumavam fomentar a rivalidade entre os guelfos e guibelinos[210] nas cidades que estavam sob o seu domínio. Embora não deixassem que a luta entre eles se tornasse sangrenta, alimentavam essa discordância, para que os cidadãos ficassem ocupados com suas diferenças e não se unissem contra eles. Isso, como se viu, não deu bons resultados para os venezianos: logo que os venezianos foram derrotados em Vailá, uma parte daqueles súditos criou coragem e lhes arrebatou todos os territórios. Portanto tal política demonstra a fraqueza do príncipe, visto que um príncipe forte jamais permitiria semelhantes rivalidades, porque são proveitosas para facilitar a manutenção de controle sobre os súditos apenas em tempos de paz; vindo, porém, a guerra, essa política revela seu engano.

Batalha entre guelfos e guibelinos (Corso Donati, *O dia de Calenda Maggio*, pormenor de um manuscrito contemporâneo). Biblioteca Nacional de Florença

[210] Guelfos vem de Welf, nome de uma família alemã radicada na Itália. Nos estados italianos, guelfos era o nome que se dava aos que eram partidários do papa e adversários dos gibelinos (da palavra italiana *guibellini*), partidários dos príncipes alemães em sua luta contra os papas.

Procissão em São Marcos (pintura a óleo de Gentile Bellini, 1496) Academia de Veneza

Sem dúvida, os príncipes se tornam grandes quando superam as dificuldades e a oposição que enfrentam. Por isso, a sorte favorece um príncipe — principalmente um príncipe novo, que tem sempre mais necessidade de conquistar prestígio do que um príncipe hereditário — quando lhe opõe inimigos e faz com que ele os enfrente, dando-lhe assim oportunidade de vencê-los e subir mais alto, valendo-se da escada que os próprios inimigos lhe estendem. Muitos julgam sábio o príncipe que aproveita as ocasiões que tem para com astúcia fomentar certas inimizades contra ele mesmo, a fim de que vencendo inimigos ele possa mais engrandecer-se.

Os príncipes — e principalmente os novos príncipes — têm encontrado mais fidelidade e maior serventia dentre homens que no início de seus governos lhes eram suspeitos do que dentre aqueles que na mesma ocasião lhes inspiravam confiança. Por exemplo, Pandolfo Petrucci[211], senhor de Siena, contou

[211] Pandolfo Petrucci (1452-1512), um dos maiores adversários de César Bórgia, participou da assembléia de Magione e escapou de estar entre os que foram assassinados na Sinigália.

em seu governo mais com a colaboração daqueles dos quais suspeitara no início de seu governo do que com a dos outros. Mas não se pode generalizar ao falar sobre esse assunto, porque ele depende das circunstâncias de cada caso. Direi apenas isso: um príncipe sempre pode com grande facilidade conquistar aqueles que no início de seu governo lhe eram considerados hostis, porque estes precisam de apoio para manter-se; uma vez que receberem o apoio do príncipe, eles ficarão obrigados a servir-lhe com grande lealdade, reconhecendo a necessidade de apagar com seus atos a opinião adversa que o príncipe tinha deles.

Agora, como o próprio assunto de que estou tratando propicia, não quero deixar de lembrar que, logo após a conquista de um novo estado com a ajuda de cidadãos desse estado, o novo príncipe deve avaliar bem o motivo por que aqueles cidadãos lhe tenham ajudado, antes de favorecê-los. Caso esse motivo não seja a afeição natural por ele, mas sim o descontentamento em relação ao antigo governo, então muito dificilmente poderá manter como aliados aqueles que lhe ajudaram, porque será impossível contentá-los. Considerando muito bem tudo, mediante exemplos antigos e exemplos modernos, veremos que para o novo príncipe é muito mais fácil ter a amizade daqueles que estavam contentes com o regime antigo e eram inimigos dele do que a daqueles que por estarem descontentes com o regime antigo se tornaram aliados dele na conquista do novo principado.

Para tornar seus estados mais seguros, os príncipes costumam edificar fortificações que sejam o bridão e o freio dos que intentem atacá-los e que sejam um refúgio seguro em caso de ataques inesperados. Louvo esse costume, porque essas fortificações são empregadas desde tempos remotos. Entretanto,

em nossos tempos, *messer* Nicolau Vitelli viu-se na contingência de destruir duas fortificações na Città di Castello para conseguir manter esse estado. Guido Ubaldo, duque de Urbino, tendo reconquistado o seu domínio, de onde havia sido expulso por César Bórgia, destruiu, até os alicerces, todas as fortificações daquela província, pois julgou que sem elas seria mais difícil perder novamente seu estado. Os Bentivoglio fizeram o mesmo após retornarem a Bolonha. Portanto as fortificações são úteis ou não, de acordo com a situação: se te beneficiam em uma situação, arruínam-te em outra. Pode-se explicar isso do seguinte modo: o príncipe que tiver mais medo do seu povo do que dos forasteiros deve construir fortificações, mas aquele que tiver mais medo dos forasteiros do que do povo não deve preocupar-se com isso. O castelo de Milão, edificado por Francisco Sforza, foi e será o maior motivo de perturbações para os Sforza do que qualquer outra coisa. Na verdade, a melhor fortificação com que um príncipe deve contar é ela não ser odiado pelo povo, porque, mesmo que tenhas construído uma fortificação, ela não poderá salvar-te do ódio do povo, porque aos povos

Guido Ubaldo, duque de Urbino (pintura a óleo de Justo de Gante ou de Pedro de Berruguete). Galeria Nacional, Urbino

rebelados não faltam nunca milícias forasteiras para lhes socorrerem. Em nossos tempos, vemos que as fortificações têm sido de grande proveito para os príncipes, a não ser para a condessa de Forli, quando seu consorte o conde Girolamo, morreu, porque pôde refugiar-se em uma fortificação para escapar à fúria popular e esperar pelo socorro de Milão, recuperando assim a posse de seu estado, porque nesse momento não houve forasteiro que pudesse socorrer aquele povo. No entanto, quando César Bórgia assaltou aquele estado, a fortificação de nada adiantou à condessa; o povo, inimigo dela, se aliou ao forasteiro. Portanto, quer nesta última ocasião, quer na anterior, teria sido mais seguro para ela não ter sido odiada pelo povo do que possuir fortificações. Considerando, pois, todas essas coisas, louvarei os que construírem fortificações e também os que não as construírem, mas lamentarei por aqueles que, fiando-se em fortificações como meio de defesa, pouco se importarem com o ódio do povo.

Cidade fortificada. *A cidade de Feurs.* Fototeca B. N., Paris

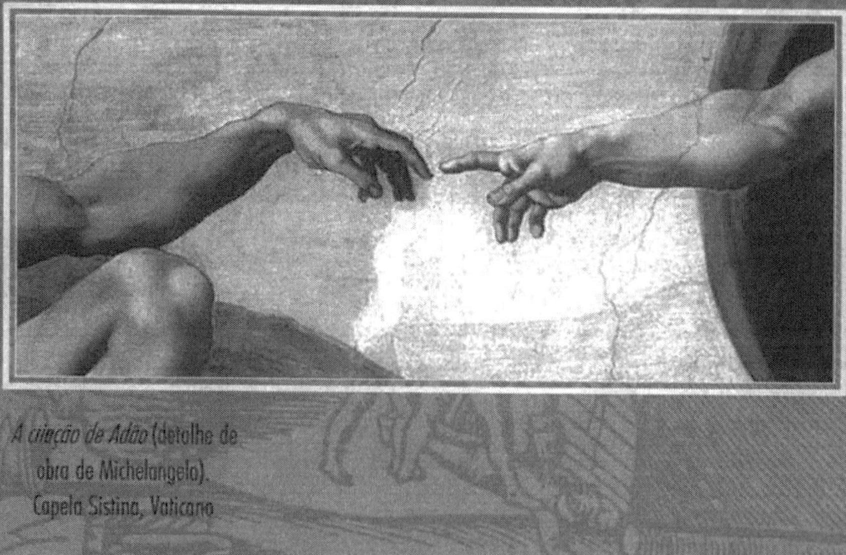

A criação de Adão (detalhe de obra de Michelangelo). Capela Sistina, Vaticano

Capítulo XXI

Como um príncipe deve agir para ser estimado

Nada torna um príncipe mais estimado do que ele realizar grandes empreendimentos e dar altos exemplos através de sua conduta. Temos, nos nossos tempos, Fernando de Aragão, atualmente o rei da Espanha. Podemos considerá-lo quase que um príncipe novo, porque, de rei pouco importante que era, conquistou fama e glória e se tornou o primeiro rei católico. Atentando para as realizações dele, vê-se que são todas muitíssimo grandiosas, algumas delas extraordinárias. No começo de seu reinado, assaltou Granada[212], e esse empreendimento constituiu a base de seu estado. No começo, agiu sem provocar alarde, garantindo, assim, que não houvesse oposição a ele. Manteve ocupados os barões de Castela, que, entretidos com a guerra, não tinham tempo para pensar em fazer outra coisa. Assim, Fernando foi conquistando-lhes prestígio, adquirindo autoridade sobre eles, que disso não se apercebiam. Naquela longa guerra, ele conseguiu, com o dinheiro da Igreja e com o do povo, sustentar e organizar uma milícia que lhe

[212] Vencendo os mouros após dez anos de guerra, Fernando de Aragão (Fernando o Católico) conseguiu conquistar o reino de Granada em 1492.

Um torneio de justa na praça Santa Cruz (Giovanni Stradano)

acrescentou grande prestígio. Além disso, para poder lançar-se em maiores empreendimentos, sempre se servindo da religião, ele lançou mão de uma crueldade disfarçada em piedade, espoliando os marranos e expulsando-os de seu reino, uma ação que dificilmente pode ser superada quanto à sua torpeza. Sob o mesmo pretexto, assaltou a África, fez a campanha na Itália e recentemente assaltou a França; é desse modo que ele sempre tem urdido e feito coisas grandes, mantendo os súditos sempre admirados e ansiosos, a acompanharem o desenrolar dos acontecimentos. Suas ações se desdobraram uma a partir da outra, sem espaço nem tempo para alguém poder agir contra ele.

Também é muito útil a um príncipe dar altos exemplos de conduta no que diz respeito à política interna, semelhantes àqueles que se contam de *messer* Barnabé[213] de Milão. Nas ocasiões em que algum súdito faz alguma coisa extraordinariamente boa ou má, o príncipe deve, ao premiá-lo ou ao puni-lo, proceder de um modo tal que sua decisão produza largos comentários. Acima de tudo, um príncipe deve ganhar para si, em todas as suas ações, fama de grande homem.

Goza também de muita estima um príncipe que age francamente, como amigo ou como inimigo, isto é, o príncipe que age abertamente, sem qualquer hesitação, a favor de um ou contra outro. Tomar partido é sempre muito mais útil do que ficar neutro, porque, se dois poderosos vizinhos teus briga-

[213] Barnabé (Bernabó) Visconti foi senhor de Milão de 1354 até 1385, quando morreu envenenado por um sobrinho dele.

Banqueiros em suas bancas cobertas por um tapete, símbolo de sua distinção como membros da Arte do Câmbio

rem entre eles, pode ocorrer uma de duas coisas: quando um deles vencer a contenda, o vencedor representará perigo para ti ou não. Aí, em qualquer caso, será muito mais útil para ti se te descobrires logo, fazendo uma boa guerra. Se não te descobrires, sempre acabarás sendo presa de quem vencer, o que dará também grande prazer e satisfação a quem for vencido, e não haverá argumento nem qualquer outra coisa que te defenda ou que te ampare. Isso porque aquele que vence não deseja amigos duvidosos, que não o ajudem na adversidade, e aquele que perde não vai ampará-lo porque não aceitastes de armas na mão correr a mesma sorte.

Tendo ido à Grécia, a chamado dos etólios, para expulsar os romanos, Antíoco enviou embaixadores aos aqueus, que eram aliados dos romanos, para convencê-los a se manterem neutros, enquanto, por outro lado, os romanos tratavam de persuadi-los para que pegassem em armas contra Antíoco. Essa matéria foi então para deliberação no conselho dos aqueus. Nessa reunião, o delegado de Antíoco argumentou para que os aqueus se mantivessem neutros, ao que o delegado dos romanos respondeu: "*Quod autem isti dicunt non interponendi vos bello, nihil magis alienum rebus vestris est; sine gratia, sine dignitate, praemium victoris eritis*"[214].

Acontecerá sempre de aquele que não é teu amigo te pedir para que fiques neutro e de aquele que é teu amigo te pedir para

[214] "Quanto ao conselho para que vós não participeis da guerra, nada é mais nocivo aos vossos próprios interesses, pois sem compensação e indignamente sereis presa do vencedor."

que pegues em armas abertamente. Os príncipes indecisos, para fugir aos perigos imediatos, seguem na maioria das vezes pela via da neutralidade e quase sempre são malsucedidos. Se, por um lado, tomares galhardamente uma posição na contenda e aqueles aos quais tiverdes aderido vencer, eles ficarão em dívida para contigo e terão em conta a tua amizade, mesmo que sejam poderosos e estiveres à mercê deles; os homens nunca são tão desonestos ao ponto de darem mostra de ingratidão oprimindo-te. Ademais, as vitórias não são nunca tão completas, que o vencedor não precise mais manter respeito por nada, principalmente no que concerne à justiça. Mas se, por outro lado, aquele ao qual aderires perder, tu serás acolhido por ele no que for possível, e ele se tornará teu companheiro para juntos fazerem a sorte mudar. No caso em que aqueles que estiverem combatendo são de uma qualidade tal que não precisarás temê-los, aí a tua aliança com um deles será ainda mais prudente, porque colaborarás para a ruína de um com a ajuda de outro que, se fosse sábio, teria se unido àquele contra ti; assim que aquele que ajudares vencer, coisa impossível de não acontecer, ele ficará à tua mercê.

Neste ponto, é importante observar que um príncipe deve ter o cuidado de não fazer aliança com um que seja mais poderoso do que ele para atacar outro, a não ser que a necessidade o force a isso, como afirmei anteriormente. Isso porque, vencendo, o príncipe ficará prisioneiro do aliado, e os príncipes devem sempre evitar ficar à mercê dos outros. Os venezianos se aliaram à França contra o duque de Milão, embora pudessem não ter participado daquela contenda, e isso provocou a ruína deles. Mas quando não se pode deixar de participar de uma contenda, como aconteceu com os florentinos quando o papa e a Espanha foram com seus exércitos assaltar a Lombardia, o príncipe deve aderir, pelas razões que já mencionei. Que um príncipe jamais pense que possa tomar algum partido sem correr riscos; ele deve, sim, estar ciente de que sempre há riscos, pois eles fazem parte da ordem das coisas: nunca se evita algum inconveniente sem incorrer em um outro. A prudência consiste em saber conhecer a característica de cada inconveniente e em assumir como bom o menos ruim.

Deve um príncipe também mostrar-se amante das virtudes e honrar os que se revelem excelentes em cada habilidade. Deve então estimular seus cidadãos a exercerem tranqüilamente suas habilidades, no comércio, na agricultura e em qualquer atividade dos homens, para que o lavrador não deixe de melhorar sua propriedade por temor de que ela lhe seja arrebatada e para que o comerciante não deixe de desenvolver o seu negócio por medo dos impostos. Deve, sim, instituir recompensa aos que quiserem fazer essas coisas e a qualquer um que pretenda de algum modo contribuir para o crescimento de sua cidade ou de seu estado. Deve, por outro lado, nas épocas apropriadas do ano, manter o povo ocupado com festas e espetáculos. Como todas as cidades estão divididas em ofícios e em tribos, o príncipe deve ter consideração por essas comunidades, reunindo-se com eles um vez ou outra, dando-lhes provas de humanidade e de munificência, sem contudo deixar de manter sempre firme a majestade de sua dignidade de príncipe, porque esta não deve faltar nunca.

Um dia de festa em Florença. (pintura da Escola Vasari). Palácio Velho, Florença

Catarina de Médici,
rainha da França (autor
desconhecido). Galeria
dos Uffizi, Florença

Capítulo XXII

Sobre os ministros dos príncipes

A sensatez de um príncipe é que define se os ministros que ele escolhe para si serão bons ou maus. A primeira conjetura que se faz a respeito do cérebro de um senhor baseia-se na observação dos homens que ele tem ao seu redor. Quando estes são eficientes e fiéis, o senhor sempre é reputado como sábio, porque soube reconhecer-lhes a eficiência e mantê-los fiéis. Mas, quando não são assim, há sempre a possibilidade de não ser feito um bom juízo do senhor, porque terá cometido seu primeiro erro logo nessa escolha.

Não houve ninguém que, conhecendo *messer* Antônio de Venafro[215] como ministro de Pandolfo Petrucci, senhor de Siena, não julgasse Pandolfo um homem de muito valor pelo fato de ter escolhido Antônio para ser seu ministro. Há três tipos de cérebro: o que entende as coisas por si mesmo; o que somente entende as coisas através do que os outros entendem; e o que não entende nem por si mesmo nem através dos outros. O primeiro tipo é excelentíssimo; o segundo, excelente; e o terceiro, inútil. Portanto, se o cérebro de Pandolfo

[215] Antônio Giordano (1459-1530), de Venafro

não se enquadrava no primeiro tipo, pertencia pelo menos ao segundo. Porque, uma vez que se tenha capacidade para conhecer o bem e o mal que outro diga ou pratique, ainda que não se tenha iniciativa própria, reconhecem-se as boas e más qualidades do ministro, exaltando as primeiras e corrigindo as segundas. Assim o ministro, não podendo enganá-lo, se manterá bom.

Para que um príncipe possa conhecer bem o ministro, há este modo que não falha nunca: quando vires que o ministro pensa mais em si próprio do que em ti, e que em todas as suas ações procura tirar proveito pessoal, terás a certeza de que ele não é bom, de que nunca poderás confiar nele. Isso porque aquele que tem em mãos os negócios de estado não deve pensar nunca em si próprio, mas sempre no príncipe, e nunca perturbá-lo com coisas que estejam fora dos assuntos de governo.

Por outro lado, para manter a honestidade de seu ministro, o príncipe deve atentar para ele, honrando-o, enriquecendo-o, dividindo com ele as honras e as atribuições, mas ao mesmo

Vista de Florença em 1569 (Giulio Ballino)

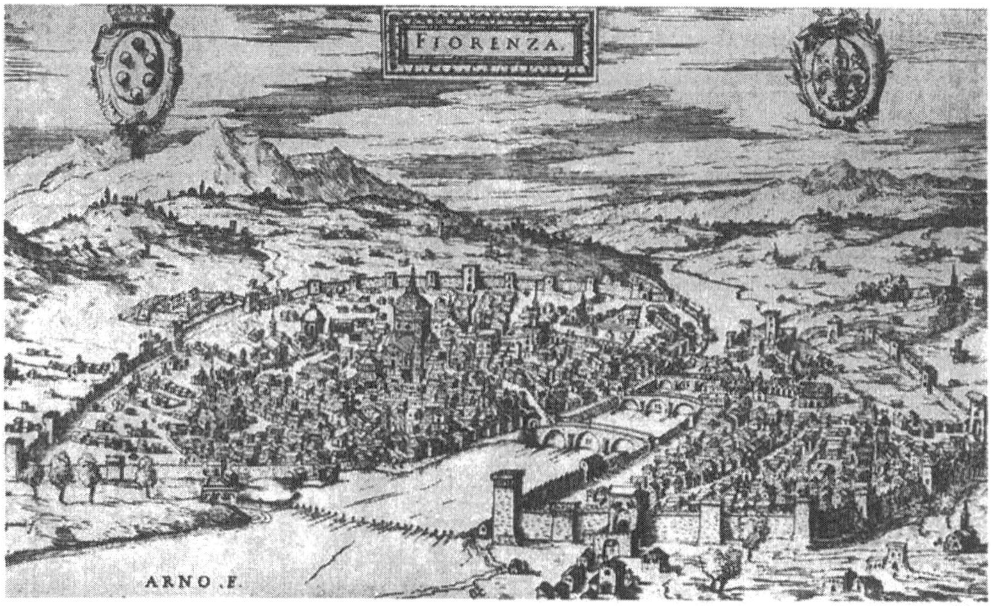